민원 지옥
(((SOS)))

민원 지옥 SOS

초판 1쇄 발행 2024년 3월 4일

지은이 | 한명숙

발행인 | 최윤서
편집 | 정지현
디자인 | 김수경
마케팅 지원 | 최수정
펴낸 곳 | ㈜교육과실천
도서문의 | 02-2264-7775
인쇄 | 031-945-6554 두성 P&L
일원화 구입처 | 031-407-6368 ㈜태양서적
등록 | 2020년 2월 3일 제2020-000024호
주소 | 서울특별시 중구 창경궁로 18-1 동림비즈센터 505호
ISBN 979-11-91724-47-9(13370)

책값은 뒤표지에 있습니다.
저작권법에 따라 한국 내에서 보호를 받는 저작물이므로 무단 전재 및 복제를 금합니다.

―― 본질을 잃어버린 학교와 교사 구하기 ――

민원 지옥
(((SOS)))

| 한명숙 지음 |

교육과실천

••• 우리의 미래요 희망인 아이들이 자라나는 배움터이자 놀이터인 교실! 세상 어느 장소보다 열정과 유머, 사랑과 신뢰가 넘쳐야 하는 곳입니다. 하지만 현재 우리의 교실 풍경이 그러하다고 자신 있게 말할 수 있는 이가 얼마나 될까요? 오히려 한 해, 한 해 변해 가는 교육 현장의 모습에 우려와 자괴감에 빠진 목소리들이 가득합니다.

바닥을 치고 있는 교육 현실이지만 이제는 달라져야 한다고, 변화해야 한다고 일깨우는 목소리들이 조금씩 일렁입니다. 깨어 있는 지성으로 일깨움을 주는 분들의 목소리에 힘입어, 어른인 우리가 한 발자국씩 서로에게 마음을 열고 다가가 손을 맞잡고, 좋은 배움터를 만들어 나갈 때 아이들은 행복하게 자라날 수 있을 것입니다. 사실 교육 현장에는 어려움 속에서도 꺾이지 않는 교육 열정을 지닌 선생님들과 큰마음으로 신뢰해 주셨던 학부모님들이 더 많았음을 기억합니다.

20여 년 전 같은 학교 동료로 만나 지금까지 한결같은 모습을 보여 주는 한명숙 선생님은 아이들에게 열정을 다하고, 학부모에게 진심 어린 소통과 협력의 모범을 보여주시면서 큰 감동과 깨우침을 주셨던 선배 교사였습니다. 오늘날 어두운 교육 현실에 더 나은 교육 문화를 만들고자 용기 내어 앞장서 주신 선생님께 깊은 감사와 사랑을 보냅니다.

강홍란 / 광주광역시교육청 초등가정형WEE센터장 수녀

••• 대한민국 교사가 몹시 아픕니다. 아니 이젠 교사 상처를 넘어, '생존'이란 단어를 쓴 지도 꽤 되었습니다. 악성 민원을 견디다 못한 교사들의 죽음이 이어지고 개인사로 은폐되었던 교사의 사망 이유가 세상에 알려지면서 우리 사회는 큰 충격을 받았습니다. 선생님들이 불안과 무기력한 상태에서는 우리 아이들을 올바로 키워낼 수 없습니다. 선생님이 아프면 학부모도 아프고 아이들도 아픕니다.

이제 회복의 시간이 필요합니다. 이 책은 교육 현장의 문제를 우리 사회가 더 이상 방치해서는 안 되며, 어떻게 하면 서로에 대한 존중과 신뢰가 쌓일 수 있는지를 제안하고 있습니다. 또한 해외에서는 어떻게 교권을 보호하고 있는지에 대한 사례도 잘 담아내고 있습니다. 대한민국 국민이라면 꼭 한 번은 읽어보고 생각하고 행동하는 기회가 되었으면 합니다.

윤우상 / 정신건강의학과 전문의, 『엄마심리수업』, 『강강술래학교』 저자

••• 학교는 학생의 교육을 위해 다양한 인적 구성원을 가진 곳이므로 여러 민원이 늘 발생하고 있습니다. 이 책에서는 학교에서 일어나는 민원의 다양한 사례와 예방 및 해결을 위한 노력에 대해 안내하고 있으며 학교 구성원들에 대한 책임과 소통, 존중과 신뢰감 형성을 위한 방법도 자세하게 나와 있습니다. 현장에서 학생 교육과 생활지도를 위해 늘 고민하시는 선생님들과 자녀교육을 위해 노력하시는 학부모님께 도움이 될 좋은 책으로 이 책을 추천합니다. 행복한 수업, 행복한 교실에서 교육공동체 구성원 모두가 행복한 학교가 되도록 다 함께 노력하기를 기대합니다.

맹근식 / 석호초등학교 교장

••• 이 시대의 냉혹한 학교 현실을 성찰하게 하는 글이다. 솔직하고 담백하다. 그러나 곱씹어 보면 글 속에는 대한민국 학교에 대한 애정이 켜켜이 묻어 있다. 지금 세대가 가고 나면 학교는 어떻게 숨 쉴 것인가, 하는 지당한 물음이 있다. 그에 대한 답은 슬픔이다. 한 세대를 넘어서는 시간 동안 교육공동체의 일원으로서 노력했으나 상처만 안고 떠나야 할지 모른다는 안타까움이 있다. 그래서일까? 그의 글에는 이 난국을 헤쳐 나가기 위한 치열한 몸부림이 담겨 있다. 그 몸부림은 아프게 다가오지만, 어머니와 아버지의 마음으로 이 글을 읽은 사람이라면 충분히 공감할 수 있다. 그렇다. 우리에겐 조금이라도 나은 학교를 다음 세대

에게 물려 주어야 할 책임과 의무가 있다.   한기평 / 소설가

••• 대한민국이 교육 선진국으로 도약하기 위해 반드시 고민해야 할 과제를 던져주는 책! 교육 현장에서 발생하는 많은 민원 사례를 분석하고, 교육이 제자리를 찾을 수 있는 체계적인 교육 지원책과 가이드 라인의 노하우를 제시하고 있다. 교권 추락을 넘어 교권 상실의 현실에 직면한 대한민국 교육의 위기 극복을 위해 모든 교육 관계자뿐만 아니라 학부모도 함께 읽어야 할 필독서!

정수란 / 부산대학교 교수

••• 최근 학교 민원 관련 사고를 뉴스에서 자주 접하면서 교사와 학부모의 관계 회복이 너무나 절실하다는 생각이 듭니다. 이 책은 현재 학교 현장에서 일어나고 있는 수많은 민원 사례를 살펴보고, 민원에 대처할 수 있는 구체적인 방법을 제시하고 있습니다.

학생들에게 올바른 시민의식을 가르치기 위해 원칙과 규범을 분명히 적용하고 적극적으로 교권을 지키는 해외 학교의 사례는 많은 시사점을 줍니다. 안전하고 성숙한 학교 안에서 아이들의 올바른 성장을 위해 교사와 학부모가 서로에 대한 존중과 신뢰로 함께 힘쓰는 사회를 만드는 데 이 책이 좋은 길잡이가 되어 줄 것이라 믿습니다.

이승현 / 교사

••• 학교 민원 예방 및 민원 해결의 노하우를 담은 책! 학교 관리자에게는 갈등 해결사, 상담가로서 교사들의 든든한 버팀목이 되는 방안을, 교사에게는 긍정의 힘으로 민원 없는 행복한 학급 운영의 실제를, 교육 정책자에게는 공교육을 바로 세우기 위한 방법을 제시한다. 학교 관리자, 교사, 교육 정책자가 꼭 읽어야 할 책으로 추천한다.

홍영희 / 신길초 교감

| 들어가는 글 |

'아무것도 하지 않으면 아무 일도 일어나지 않는다.'
기시미 이치로의 책 제목이자 2023년 개봉한 영화 〈용감한 시민〉에 나오는 말이다. 이 시대의 많은 교사들이 언제부터인가 마음속에 품게 된 문장이기도 하다. 동료 교사가 아동학대범으로 신고를 당하고, 비상식적인 학부모가 학교에서 난동을 부려도 할 수 있는 일이 아무것도 없는 학교에서는 '아무것도 하지 않아야' 무탈할 수 있는 상황이 되었다.

2023년 여름, 한 초등학교 교사의 죽음을 비롯한 여러 교사들의 극단적 선택에 학교 안 사람들은 곪아 있던 상처가 마침내 터졌다고 생각했지만, 학교 밖 많은 사람들에게는 큰 충격을 주었다. 방학과 연금이 있고 출퇴근 시간이 좋은 점 등 교직을 장점이 많은 직업으로 알고 있던 사람들은 의아해 했다. 그리고 이런 상황을 왜 여지껏 견디기만 했느냐고 물었다.
교사들의 죽음 이전에도 수많은 교사가 억울한 고소와 고발을 당했고, 부당한 악성 민원에 저항하며 외로운 싸움을 했다. 매일 만나는 학생들이 있기에 학부모를 경찰에 신고할 수 없었고, 도움을 요청할 마땅한 외부 기관도 없었다. 악성 민원은 어쩌다 운이 없어 겪게 되는 일로 여기며 거센 폭풍이 지나가기만 바랐다.

악성 민원을 견디다 못한 교사들의 죽음이 이어지고 개인사로 은폐되었던 교사의 사망 이유가 세상에 알려지면서 학부모 악성 민원과 교권 문제는 사회적 공감대를 얻기 시작했다. 학교를 더 이상 방치해선 안 된다는 각 계의 우려 섞인 목소리도 터져 나왔다.

오랜 시간 꿈꾸었던 일, 4년 전 끄적였던 출간 기획서를 필자는 2023년 여름에 또다시 만지작거렸다. 꽃다운 나이에 한 교사가 생을 마감했고, 세상에 알려지지 않았을 뿐 두려움과 공포의 막다른 길로 내몰린 여러 교사들이 하늘의 별이 되었다는 기사를 연일 접하면서 필자는 글쓰기를 서둘렀다.

고인이 겪었던 공포와 불안감이 어찌 그들만의 일이었을까? 이 시대의 교사라면 학부모 민원으로 고뇌하지 않은 이가 있을까? 죽음으로 저항하지 않았을 뿐 죽을 만큼 힘들고 고독한 시간을 감내했을 많은 교사들을 위로하는 마음에서, 참으로 비상식적인 악성 민원이 다시는 기승을 부리지 못하도록 모두가 제대로 알고 대응할 필요가 있겠다는 생각에서 필자는 쉽게 말하기 어려운 학교 민원을 주제로 글을 쓰기로 했다. 《사람에 대한 예의》를 쓴 권석천은 함께 일하는 사람이나 외부와의 긴장감, 불편함이 투영된 글이 가치 있다고 생각한다는 말을 했다. 그의 인터뷰를 떠올리며 또 한 번 용기를 얻는다.

필자 역시 악성 민원에 맞서 고뇌하며 몰라도 될 세상 공부와 사람 공부를 많이 했다. 비록 필자의 지식과 글재주는 부박하나 경험을 바탕으로 한 진실한 언어는 독자의 마음에 다가갈 수 있으리라는 믿음으로 이야기를 시작한다.

이 책은 교육의 어느 주체를, 특정 집단을 폄훼할 의도가 전혀 없다. 각자 자신의 상황과 위치에서 최선을 다하고 있다고 생각하는 타성에서 잠시 시선을 돌려 이것이 과연 최선인지, 지금 이대로 가는 것이 맞는지에 대해 의문을 제기해 보자는 것이다. 방향이 잘못되었다면 더 늦기 전에 방향을 돌려야 한다. 무기력에 빠진 이 땅의 교사들이 다시 일어나 우리 아이들을 위해 올바른 교육을 펼칠 수 있도록, 그저 아무 걱정 없이 가르치는 일에만 몰입할 수 있는 날이 오길 바라는 마음이다.

지식생태학자 유영만 교수는 좋은 글은 어떻게든 살아가려는 안간힘에서 나온다고, '책 쓰기'가 '애쓰기'인 이유라고 했다. 살아가려는 안간힘으로 버티는 나 자신과 학교 민원으로 인해 고통받고 있는 많은 교사들에게 이 책을 바친다.

| 목차 |

추천의 글 • 4
들어가는 글 • 7

1장. 끊이지 않는 학교 민원, 왜 생기나

학교 민원, 학부모 민원이 뭐예요? • 17
민원 천국이 된 학교 뒤엔 사라진 교권이 있다 • 19
학교는 돌봄 기관인가, 교육기관인가 • 24
아동학대로 신고하겠습니다 • 29
상대적 박탈감으로 피폐해진 정서 • 37
내 아이 상처는 못 참지 • 40
목소리 높이면 손해는 안 보더라 • 45

2장. 내 말 좀 들어 보세요

선생님, 학교가 이래도 됩니까? - **학부모 민원 사례** • 53
너무 힘들어요 - **교사 민원 사례** • 77
우리 학교에는 왜 없어요? - **학생 민원 사례** • 82
학교 관리자 바꾸세요! - **지역사회 민원 사례** • 86

3장. 학교 민원, 이런 마음가짐으로

듣겠습니다	• 92
- 민원에 대처하는 교사의 마음가짐	
선생님, 도와주세요	• 109
- 민원을 제기하는 학부모의 마음가짐	
우리 학교가 더 좋은 학교가 되면 좋겠어요	• 120
- 민원을 제기하는 학생의 마음가짐	
저도 먹고살아야 됩니다	• 126
- 민원 제기하는 지역 주민의 마음가짐	

4장. 학교 민원, 이렇게 풀어 가자

문제 제기 단계	• 133
민원 대응 시스템	• 136
민원인과의 단계별 소통	• 140
이렇게 처리되었어요	• 145

5장. 학교 민원, 예방할 수 있을까

담임교사가 할 일	• 151
학교 관리자가 할 일	• 160
학교 민원 지원팀에서 할 일	• 166
학부모의 교육활동 참여로 소통과 연대감을	• 170

6장. 악성 민원 해결 노하우

민원을 제기한 이유, 배경, 목적을 파악하라 • 180
초지일관 같은 원칙을 제시하라 • 188
최초 대응이 가장 중요하다 • 191
말은 아끼고 신중히 하라 • 194
학생을 사랑하고 지키는 교육자의 마음을 잃지 마라 • 196
악성 민원으로 인한 교사의 자기 검열은 하지 마라 • 198
관리자에게 알리고 적극적인 도움을 구하라 • 200
외부에 알리고 공동 대응팀을 꾸려라 • 202

7장. 안전한 학교, 성숙한 학교문화 가능할까

교권을 지키는 해외 학교 사례 • 208
공교육을 바로 세우기 위한 노력 • 231
존엄의 언어가 지배하는 교실 • 239
선생님에게 권위를 돌려드리자 • 243
갑질 문화에서 벗어나자 • 246
학교문화 이렇게 바꾸자 • 250
희망은 있다 • 255

참고 문헌 • 259

1장

끊이지 않는 학교 민원, 왜 생기나

과거 우리 사회는 권위주의 문화가 팽배했다. 학교와 교사의 권위 또한 높아 감히 선생님에게 문제를 제기한다는 것은 상상도 할 수 없던 시절이 있었다. 선생님의 말씀은 학생과 학부모에게 거부할 수 없는 법이었다. 자녀가 학교에서 야단을 맞고 돌아오면 부모는 자녀를 한 번 더 꾸짖고 엄격하게 지도했던 시절이었다. 선생님에 대한 신뢰가 높아 교사의 지도를 온전히 수용하였고, 교실마다 '사랑의 매'가 걸려 있었지만 누구도 이것을 문제시하지 않았다.

요즘은 자녀에게 문제가 생기면 직접 타이르기보다 야단을 친 교사를 향해 민원 제기부터 시작한다. 교사가 합리적 주장을 하거나 사과를 하지 않으면 학부모는 '괘씸죄'를 물어 교사를 아동학대 가해자로 몰고 간다. 교사가 교실에서 생활지도를 위해 언성을 조금만 높여도 아이가 수치심을 느꼈다며 정서 학대라고 말하는 현실이다. 교사의 생활지도에 대해 아동학대 면책권을 부여하는 방향으로 「초·중등교육법」, 「아동학대범죄의 처벌 등에 관한 특례법」을 개정해야 한다고 요구하는 이유가 이런 어려움 때문이다.

우리 사회가 개인의 인권과 자유의 가치에 의미를 부여하면서 사회 곳곳에서 각자의 이익과 권리를 추구하게 되었다. 자신의 이익에 반하는 어떤 권위도 인정하지 않으려는 '권위의 부재' 시대를 살아가고 있다. 이런 무질서와 혼돈 속에서 학교는 유사 이래 최대 위기를 맞고 있으며 '교권 추락의 시대'를 겪고 있다. 과거 권위적인 학교문화가 옳지 않았듯 현재 학교 권위의 부재 역시 많은 문제를 드러내고 있다. 2023년 여름

이후 비로소 밝혀지기 시작한 그간의 학교 민원 사례를 보면 학교의 권위는 차치하고 교사의 인권 자체가 흔들리는 사회가 되었다는 것을 부인하기 어렵다.

토마스 홉스(Thomas Hobbes)는 인간의 본성이 태생적으로 이기적일 수밖에 없다는 견해를 지닌 유물론적 철학자이다. 홉스에 따르면 개인은 천성적으로 이기적이며, 다른 사람에게 해를 끼치더라도 항상 자신의 이익을 위해 행동하기 때문에 국가가 개인의 사리사욕을 억제하고 다른 사람에게 해를 끼치는 것을 방지할 수 있는 권한이 있어야 한다고 믿었다.

사람들의 이기심은 해가 갈수록 높아지는데 학교가 가진 권한은 점점 축소되고 있다면 결국 학교의 혼란, 무질서, 불안은 피할 수 없는 문제다. 학교 민원의 원인과 해결책을 고민하면서 영국 고전 철학자의 '사회계약설'이 새삼 의미 있게 다가온다.

학교 민원, 학부모 민원이 뭐예요?

'민원'의 사전적 정의는 민원인이 행정기관에 대하여 처분 등 특정한 행위를 요구하는 것을 말한다. 학교 민원이란 학교 또는 학교 일과 관련한 행정기관에 대하여 특정한 행위를 요구하는 의사 표시로 정의한다. 학교 민원에서 민원인이란 학부모, 학생, 교사, 지역 주민, 기타 이해관계자이며, 학교에서 발생하는 불편·불만 사항에 대해 문제 제기하는 행위를 학교 민원이라고 보면 된다.

이 책에서 주로 다루게 될 학부모 민원은 교육 수요자인 학부모가 자녀의 학습권을 보호받기 위해 교육행정기관 및 학교와 교사에게 처분 등 특정한 행위를 요구하는 것이라고 할 수 있다. 학부모의 요구 사항은 교육활동 관련 각종 요구와 처분의 신청 및 조정, 시정 조치, 갈등 조정과 제도 개선, 학교 운영에 관한 정책 건의 등을 포괄한다. 즉, 학부모 민원은 학교·학급운영 및 관리와 관련하여 학부모의 불편·불만을 유발하는 제도적·행정적인 모든 것으로 자녀의 교육활동과 관련하여 학교와 교사에게 요구하는 의사 표시라고 할 수 있다.

학부모 민원은 학부모 자신이 직접 겪은 일이 아닌 자녀를 통해 이야기를 듣고 문제 제기를 하는 경우가 대부분이라 일방적인 주장이거나 불충분한 정보와 오해가 많은 것이 특징이다. 학교 민원 가운데 교사, 학생, 지역 주민의 민원은 이해 당사자와 직접 소통하여 해소할 수 있지만 학부모 민원은 학생의 불편함에 대한 진단 자체에 학부모라는 타자의 감정과 판단이 개입되기 때문에 상황이 복잡해진다. 일단 학부모 민원은 문제 제기가 되는 순간부터 해결될 때까지 지난한 과정이 따르며, 문제가 해결되었다 하더라도 교육 주체 간 불편한 감정이 남아 있는 경우가 많다. 문제를 겪고 있는 학생 본인과 학부모의 감정이 서로 다를 때도 있어 상황은 더욱 어려워진다.

민원 천국이 된 학교 뒤엔
사라진 교권이 있다

2022년 교육부의 〈교육활동 침해 현황〉에 따르면 2017~2021년 5년 동안 학생·학부모에 의한 교사 상해·폭행 사건은 총 888건에 달한다. 연도별로 2017년 116건, 2018년 172건, 2019년 248건, 2020년 113건, 2021년 239건이다. 코로나19로 대면 교육활동이 원활하지 못했던 2020년을 제외하면 사실상 교권 침해는 갈수록 늘고 있는 실정이다. 특히 대면 수업이 활성화되면서 교사 상해·폭행 사건이 큰 폭으로 증가했다.

학교에서 아이들과 울고 웃으며 수십 년간 교단을 지켰던 한 교사는 어느 날 학부모로부터 아동학대로 고소당했다. 교사가 떠든 학생에게 주의를 주고 학급 규칙에 의한 훈육을 한 것에 학부모는 정서적 학대를 당했다고 주장했다. 아동학대로 고소당하면 학교에서 직위해제가 되는 법령 때문에 교사는 결국 학교를 떠났고 기소유예 처분을 받았다. 20여 개월 동안 법정으로 불려 다니며 받았을 교사의 고통과 자괴감은 말로 다 할 수 없었을 것이다. 이 사건은 2년 6개월 만에 대법원이 교권 침해 행위로 판결을 했고, 이후 헌법재판소에서는 기소유예 처분을 취소한다는 최종 판단을 내렸다. 한 가정의 생계와 교사 자존감이 모두 무너진 뒤 내려진 결론이다.

　전북의 한 중학교 교사였던 A씨는 담임 반 여학생들의 장난으로 성추행 혐의로 고발돼 경찰의 조사를 받았다. 성 사안은 여느 사안보다 민감하여 교사는 바로 직위해제되었다. 수사 결과 경찰은 A 교사의 추행 의도가 없었다고 내사를 종결했다. 그러나 교육청은 A 교사를 직위해제시키고 사건에 대한 특정감사 계획을 수립, 징계 등 신분상 조치에 들어가려 하였다. 결국 A 교사가 극단적 선택을 하자 교육청 조사는 중단되었다. 성추행 누명을 쓰고 억울함을 이기지 못해 극단적 선택을 한 교사에 대해 서울행정법원이 이후 순직을 인정했지만 유가족은 슬픔과 고통을 평생 가슴에 안고 살아가야 했다.

　학교는 사안이 터지면 사건이 외부로 노출되는 것을 극도로 경계한다. 지침에 의거한 절차를 따르며 사안을 최대한 빨리 종결짓고자 노력한다. 학부모가 교사를 아동학대로 신고하는 경우도 마찬가지다. 사안이 발생하면 교육 현장의 맥락을 살피고 교사와 아동의 인권을 함께 지키려는 노력보다 행정 지침을 따른 것으로 할 일을 다 했다는 입장을 보인다. 심지어 관리자가 직접 교육청에 교사를 신고하는 경우도 있다. 사후 자신에게 닥쳐올 책임 소재에 확실한 선을 긋기 위함이다.

　학생들을 데리고 현장체험학습을 떠난 교사가 돌발 상황을 겪게 되었다. 한 학생이 장염으로 인해 버스에서 갑자기 변을 본 난감한 상황이 닥쳤다. 교사는 학생을 배려하며 버스 안에서 최대한 응급 대처를 취한 후 학부모에게 연락하여 고속도로 휴게소에서 학생을 데려가도록 조치를 취했다. 그런데 학생을 혼자 휴게소에 두고 부모님을 기다리게 했다는 이유로 교사는 고소를 당했다. 학생의 프라이버시가 훼손된 난감한 상황에서 최대한 대처를 했음에도 불구하고 학생을 위해 기울였던 교사의 노력은 하나도 인정되지 않았다. 미성년자인 학생을 고속도로 휴게소에 혼자 두었다는 것에 화가 난 학부모는 교사를 고소했고, 교사는 이후 외로운 싸움을 시작해야만 했다.

현재 대한민국은 비록 교사의 교육 행위가 정당했더라도 학생과 학부모가 불편한 감정을 느꼈다면 학생들을 위한 교육과정이나 교사의 의도, 진정성은 고려의 대상이 되지 않는다. 한마디로 문제가 발생했을 때 교사를 보호해 줄 수 있는 어떤 시스템도 갖추어져 있지 않다. 교사에게 희생과 봉사, 교육적 열정을 요구하지만 사안이 발생할 경우 그 누구도 교사를 보호해 주지 못하는 것이 현실이다.

2022년 8월 충남의 한 중학교 수업 시간에 학생이 교단에 드러누워 스마트폰을 하는 영상이 SNS에 퍼지며 교권 침해 실태에 대한 사회적 관심이 높아진 일이 있었다. 인권은 타인의 권리를 존중하는 마음에서부터 출발한다. 자신의 권리가 중요한 만큼 타인을 배려하고 존중하는 일이 함께여야 함을 교육 주체 모두가 인식해야 한다. 교사의 정당한 교육활동을 방해하는 일은 학교와 교사의 기본 역할을 부정하는 것이며, 이는 다른 학생의 학습권을 침해한다는 점에서 더욱 심각하다.

수업 시간에 엎드려 자는 학생을 깨우다 해당 학생으로부터 거친 말을 듣게 된 경험이 공유되면서 교사들은 봐도 못 본 척 넘어가는 게 낫다는 판단을 하게 되었다. 심지어 일부 학부모는 자녀가 학원 수업으로 밤늦게까지 공부하느라 피곤하기 때문에 수업 시간에 자는 것을 묵인해 달라고 당당히 요청하기도 한다. 교권 침해 행위를 제지할 제도적 수단이 부족한 현실에서 교사가 할 수 있는 일이 없다. 불편한 상황을 그저 외면하는 수밖에.

교권이 추락한 것은 어제오늘의 일이 아니다. 학교 민원이 점점 도를 넘기 시작한 것도 오래된 일이다. 생활지도를 위해 학생을 교무실로 불러 자신의 행동을 성찰해 보도록 하는 일도 모욕감을 주었다고 항의하는 일이 다반사여서 교사는 학생을 소신껏 지도하기가 조심스럽다. 수업 분위기를 훼손하고 심한 학습 방해 행동이 이어져 교사가 해당 학생을 복도 밖으로 불러 조언이나 경고를 하는 것 역시 위험하다. 나머지 학생들의 학습활동을 보호하기 위한 교사의 대응이었지만 학습권 침해로 민원이 제기된다.

이제 교사는 교실에서 할 수 있는 일이 없다. 안 본 척, 못 들은 척하며 아이들이 다치지 않게 보호하는 일만이 학생 지도에서 가장 중요해졌다. 자칫 학생 생활지도에 열정을 보였다가는 돌이킬 수 없는 억울한 사태에 직면할 수도 있다. 학부모와의 상담에서도 학생의 현재 상황을 알리고 함께 고민하기보다는 부모가 듣기 좋아할 말만 골라 들려주고 학부모의 감정을 건드리지 않는 선에서 대화를 마무리 짓는 것이 불문율이 되었다. 혹시라도 학생이 다른 학생에게 끼치는 불편한 상황과 행동에 대해 솔직하게 이야기하고 전문적 상담 기관에 의뢰해 볼 것을 권유했다가는 후폭풍을 교사 혼자 감내하기가 어렵게 되었다.

현재 학교 상황이 이렇다. 일일이 다 열거하지 못할 만큼 바닥으로 떨어진 대한민국 교사의 인권과 권위가 이러하다. 누군가가 죽어야만 감정의 쓰레기통이 되어 버린 학교와 교사를 돌아볼 거냐고 자조 섞인 말을 나눈 건 이미 오래된 일이다. 해가 갈수록 학교 민원은 정도가 심해졌고 어느 학교, 어느 학급을 불문하고 학부모 민원은 교사를 가장 힘들게 하는 일이 되었다.

 사회생활을 하는 모든 사람들은 알고 있다. 일이 힘든 것보다 사람으로 인해 상처받는 것이 얼마나 견디기 힘든 일인지. 오늘날 대한민국의 교사들은 교사의 정체성에 대한 회의감에 빠져 있다. 자신이 학생들의 지적·정서적 성장을 돕는 교육자인지, 분노를 주체하지 못하는 사람들의 감정을 받아내는 쓰레기통인지, 아이가 학교에서 사고 없이 놀다 가도록 보살피는 보육자인지 알 수 없다. 학생을 제대로 훈육하기 위한 어떤 장치도 없이 문제가 발생했을 경우 모든 책임을 교사가 떠안아야 하는 현실에서 오늘 하루도 무사하길 바라며 숨죽여 버티고 있다.
 교사는 교육 전문가다. 교육 전문가에 걸맞은 지위와 권한이 보장되지 않으면 교육공동체가 본연의 기능에 충실하기 어렵다는 것은 말할 필요도 없다.

학교는 돌봄 기관인가, 교육기관인가

우리 사회가 핵가족화되고 여성 경제활동인구가 증가하면서 맞벌이 가정이 점차 증가하고 있다. 2022년 11월 통계청 자료에 따르면 전국 맞벌이 가정은 총 582만 3,000가구로 10년 사이 58만 2,000가구가 늘었다. 맞벌이 가정이 차지하는 비중은 배우자가 있는 전체 가정 중 46.3%를 기록하고 있다.

맞벌이 가정이 증가하면서 가정의 양육 환경은 변화했고 자녀 양육에 대한 부담도 커졌다. 예전처럼 조부모가 손주를 돌봐 주던 가족 분위기도 점차 사라져 일과 자녀 양육을 병행해야 하는 워킹맘의 고통과 불안감은 사회문제가 되고 있다.

그런데 국가에서 제공하는 영유아 보육 지원에 비하여 초등학생 대상 돌봄 지원은 상대적으로 부족하여 학교 수업이 끝난 후 또는 방학 중 초등학생 돌봄에 사각지대가 발생했다. '초등돌봄교실'은 이런 사회적 요구로 출발하게 되었고, 국가에서는 학교와 지역사회 간의 유기적 협력을 통해 초등학생 돌봄 서비스를 제공하게 되었다.

초등돌봄교실은 맞벌이 가정의 자녀를 위해 학교에서 제공하는 일종의 보육 프로그램이다. 돌봄이 필요한 학생들을 대상으로 별도 시설이 갖추어진 공간에서 정규수업 이외에 이루어지는 돌봄 활동을 말한다. 맞벌이 가정의 자녀 돌봄 기능을 지원하기 위해 2004년 초등 저학년 '방과 후 교실' 도입을 시작으로 2010년 '초등돌봄교실'로 명칭 변경 및 확대, 2017년 문재인 정부 국정과제로 '온종일 돌봄체계 구축', 2020년 코로나19로 인한 긴급돌봄에 이르기까지 초등돌봄교실 운영은 꾸준히 확대되고 있다.

'늘봄학교'는 초등돌봄교실을 최대 저녁 8시까지 운영하는 제도로, 현재 8개 지역에서 시범 운영 중이다. 초등학교 6,163곳 중 459곳에서 운영하고 있는데, 이는 전체 학교의 약 28%에 해당한다. 사교육비와 학부모의 양육 부담을 덜어 주고 다양한 프로그램을 제공해 학생 간 교육격차를 해소하겠다는 데 목적을 두고 있다. 정부는 늘봄학교를 시범 운영한 후 당장 2024년부터 전국으로 확대하겠다고 발표한 상태인데, 학교와 교사들의 걱정과 부담이 크다.

정부의 늘봄학교 확대에 대해 교사들의 반발이 큰 이유는 학교가 가진 교육기관으로서의 정체성에 대한 문제에 기인한다. 일반 학생들이 등교하기 전 아침 돌봄부터 밤늦은 시간의 오후 돌봄까지 종일 돌봄 체계를 운영하는 늘봄학교는 한정된 학교 공간을 활용할 수밖에 없어 정규 교육과정의 파행을 불러온다. 강당, 특별교실에 돌봄 공간이 마련되면 특별실에서 진행하던 다양한 정규 교육과정 프로그램이 위축되어 교실에서 진행하거나 조정하여 실시할 수밖에 없기 때문이다.

지금도 행정 업무, 민원 업무를 해결한 후 남는 시간에 학생 지도에 필요한 연구를 할 수 있다는 말이 있을 만큼 교사의 연구 시간이 부족한데 늘봄학교 업무는 교사에게 또 하나의 과중한 업무 부담이다. 이 업무는 민원이 끊이지 않는 분야이며 업무량도 많아 모든 교사가 기피하는 일이 되고 있다.

가정에서 한 자녀에게 제공하는 양질의 보육을 학교 돌봄 서비스에 기대하는 학부모의 눈에는 학교의 돌봄 프로그램에 불만이 많을 수밖에 없다. 그래서 늘봄학교는 꾸준히 민원이 제기되는 분야이다. 교사 한 명이 여러 학생들을 돌봐야 하는 형편이다 보니 충분히 이해할 수 있는 상황임에도 불구하고 학부모들은 소소한 불만 사항을 끊임없이 제기하여 교사들의 힘을 소진시키고 있다. 특히 늘봄학교 업무를 맡게 되는 담당 교사는 직무 스트레스가 폭증할 수밖에 없다. 수업 외 떠안아야 하는 교사의 업무 과중은 결국 수업의 질을 하락시킨다.

교사에 대한 학부모의 인식이 자녀를 안전하게 보살피고 보육에 충실해야 할 책무자로 여기는 분위기가 확대되면서 학교 민원을 제기하는 수준도 점점 저급해지고 있는 것 같다. "우리 아이 학원 시간에 맞추어 하교시켜 주세요." "우리 아이가 싫어하는 음식은 먹지 않게 해 주세요." "점심 식사 후 약을 꼭 먹도록 살펴봐 주세요."와 같은 학부모 요구 사항은 이제 각 교실에서 일상적인 민원이 되었다. 한두 번 하다 보면 부탁하는 쪽에서도 교사에게 불편을 끼치고 있다는 생각이나 미안한 마음이 점점 사라지는 것 같다. 극히 사소한 문제까지 교사에게 요구하는 것을 당연시하는 분위기다. 만에 하나 교사가 부탁을 거절하거나 보살핌을 소홀히 하여 학생이 피해를 보았다고 여기면 냉정한 선생님으로 낙인이 찍히고, 젊은 교사일 경우는 애를 낳아 길러 보질 않아서라는 뒷담화를 감수해야만 한다.

또한 우리 사회에서 '가르치는 일'이 어떻게 여겨지고 있는지 생각해 보아야 한다. 교사는 그 대상이 영유아든, 초·중·고 학생이든, 대학생이든 교육 대상의 나이를 떠나 갖추어야 할 역량과 정체성이 분명한 교육 전문가다. 나이가 어린 아이를 가르치는 일과 나이가 많은 학생을 가르치는 일의 격이 다르지 않고, 사회적 가치도 차별되지 않는다. 그럼에도 불구하고 나이 어린 대상을 가르치는 기관일수록 학부모의 교사 하대 태도, 갑질 수준, 악성 민원의 수가 많다는 것은 우리 사회에 차별의 시선이 존재하고 있다는 증거다. 유치원 현장에서의 교육활동 침해 상황이 2020년에 비해 2021년에는 5배가량 급증한 350건으로 확인되었으며, 2022년에는 491건으로 증가하는 추세도 주목해야 한다.

늘봄학교가 교육격차와 부모의 양육 부담을 해소하여 국가 경제 동력을 활성화할 수 있는 긍정적 기능이 있는 것은 사실이다. 그러나 오늘과 같은 교권 추락의 배경에는 정부가 학교에게 짐을 떠넘긴 돌봄 업무도 중요한 원인으로 지적해야 한다. 늘봄학교는 학습과 생활지도에 역량을 발휘해야 할 교사들에게 돌봄 기능을 떠넘긴 교육정책으로, 제도의 시행에 대한 부담과 책임은 온전히 개별 학교가 지게 될 것이다. 이 정책은 초등학교에서 실시되지만 학교의 기능과 역할에 대한 왜곡된 시선은 상위 학교급에도 분명 영향을 미칠 것으로 생각된다. 학교가 돌봄의 기능을 떠안으면서부터 교육의 기능보다 돌봄의 시선으로 학교를 바라보는 것에 익숙해져 가는 것 같아 교사들은 늘봄학교에 대한 걱정과 거부감이 크다.

학부모가 교사를 '선생님'으로 대하는 것이 아닌 '돌보는 사람'으로 인식하게 된 일을 정부가 방치해선 안 된다. 늘봄학교 운영의 취지를 떠나 학교가 민원 천국이 된 현실에서 벗어나기 위해, 그리고 교육기관으로서 제 기능을 찾도록 늘봄학교 운영은 지방자치단체로 이관되어야 마땅하다.

아동학대로 신고하겠습니다

아동의 건강과 복지 보장을 위해 제정된 「아동복지법」은 요즘 교사들에게 '저승사자법'으로 통한다. 아동학대로 신고를 당하면 신고 자체만으로 담임 교체, 직위해제 등의 강도 높은 처분이 결정되고, 이후 경찰 조사와 징계, 소송 등 교사의 인생에서 감히 상상하기 어려운 고난이 시작되기 때문이다. 한마디로 교사로서의 생존이 끝나는 순간이다.

무엇보다 아동학대는 「헌법」이 정한 무죄추정의 원칙에도 불구하고 유죄추정과 같이 취급되고, 의심만 있어도 신고할 수 있어 무혐의 결정이 나더라도 무고죄 등으로 처벌하기 어렵다. 또, 대부분의 아동학대 사건이 교육활동이나 생활지도 과정에서 발생하고 있어 교사들은 언제든 신고당하고 처벌받을 수 있는 위태로운 상황에 놓여 있다. 학생을 제대로 가르쳐 보겠다는 열정이 자칫 평생 돌이킬 수 없는 수모로 이어지는 것은 순간이다.

교사는 평범한 수준에서 학생의 생활지도와 올바른 품성 함양을 위해 계도한 일이었지만 이로 인해 자녀가 정서적 고통을 겪고 있다며 "선생님을 아동학대자로 신고하겠습니다."라는 말 한마디는 교사로서의 삶에

'죽음 선고'와도 같다. 교사가 아동학대로 신고를 당하면 학교 역시 교사를 위해 할 수 있는 일이 아무것도 없다. 이 무시무시한 법의 위력으로 지금 학교는 붕괴되고 있다.

광주광역시의 한 초등학교 A 교사는 급우의 얼굴을 때리던 학생을 말리다 학부모로부터 민·형사상 고소를 당했다. 교사는 아이들의 싸움을 말리기 위해 교실 책상을 복도 방향으로 밀어 넘어뜨렸는데 학부모는 아동학대라고 주장했다. 동료 교사들은 '싸움을 직접 제지하다간 오히려 고소를 당할 수 있기 때문에 책상을 넘어뜨려 다른 학생을 보호한 것'이라고 탄원서를 냈다. 학부모들도 '적극적인 훈육'이라며 탄원에 동참했다.

광주지법에서는 학부모가 A 교사를 상대로 제기한 손해배상 청구를 기각했다. 검찰도 A 교사의 행동을 학대로 보기 어렵다고 결론짓고 무혐의 처분을 내렸다. 하지만 학부모가 검찰의 판단에 불복, 재항고하면서 사건은 광주고검으로 넘어갔다. 사건이 벌어진 뒤 일 년여 동안 A 교사는 극심한 스트레스를 호소하며 병원 치료를 받고 있다. 학부모의 분노가 풀릴 때까지 길고 긴 전쟁을 이어가야 할 교사에게 힘이 될 아무런 장치도 없다는 것이 개탄스러울 뿐이다.

여기서 2023년 8월 31일 보건복지부에서 발표한 〈2022 아동학대 주요 통계〉 자료를 살펴보자. 2022년 아동학대로 신고 접수된 건은 46,103건, 아동학대로 판단된 사례는 27,971건이다. 학대 행위자는 부모가 23,119건으로 전체 아동학대 사례 중 82.7%를 차지하였다. 이는 2021년 83.7%보다 1.0%p 낮아진 수치이나 여전히 전체 학대 행위자 중 부모가 절대적인 비중을 차지하고 있다. 또한, 학대 장소도 가정 내에서 발생한 사례가 22,738건(81.3%)으로 가장 높게 나타났다.

학대 행위자와 피해 아동과의 관계

관계		건수	(비율)
부모	친부	12,796	(45.7)
	친모	9,562	(34.2)
	계부	511	(1.8)
	계모	201	(0.7)
	양부	29	(0.1)
	양모	20	(0.1)
	소계	23,119	(82.7)
친인척	친조부	114	(0.4)
	친조모	215	(0.8)
	외조부	68	(0.2)
	외조모	112	(0.4)
	친인척	246	(0.9)
	형제, 자매	124	(0.4)
	소계	879	(3.1)
대리양육자	부, 모의 동거인	193	(0.7)
	유치원 교직원	100	(0.4)
	초·중·고교 직원	1,602	(5.7)
	학원 및 교습소 종사자	254	(0.9)
	보육 교직원	600	(2.1)
	아동복지시설 종사자	175	(0.6)
	기타 시설 종사자	69	(0.2)
	청소년 관련 시설 종사자	8	(0.0)
	위탁부	2	(0.0)
	위탁모	9	(0.0)
	아이돌보미	35	(0.1)
	소계	3,047	(10.9)

출처 : 보건복지부 발간 〈2022 아동학대 주요 통계〉

「아동학대범죄의 처벌 등에 관한 특례법」에 따르면 교사에 의한 아동학대 민원이 발생하면 학교장은 즉시 수사기관에 신고해야 한다. 신고당한 교사는 수업 배제나 직위해제 등의 방법으로 해당 아동과 즉시 분리된다. 그러나 아동학대로 신고당한 교사가 법원에서 유죄로 선고받은 사례는 매우 드물다. 2022년 10월 전국교직원노동조합 설문조사에서 아동학대 신고를 당한 교사 중 유죄로 확정되었다고 응답한 비율은 1.5%에 불과했다.

「아동학대범죄의 처벌 등에 관한 특례법」의 무분별한 신고로 교사의 교육활동이 위축되는 수준을 넘어 교사로서의 생존마저 위협받는 수위가 점점 높아지고 있다. 한국교원단체총연합회가 2023년 1월 전국 유·초·중·고 교원 5,520명을 설문조사한 결과를 보면 응답자의 77.0%가 교육활동 또는 생활지도 과정 중에 아동학대 가해자로 신고당할 수 있다는 불안감을 느낀다고 답했다. 본인이 아동학대 신고를 직접 당하거나 동료 교원이 신고당하는 것을 본 적이 있다는 응답도 47.5%에 달했다.

원래「국가공무원법」상 직위해제 제도는 공무원에 대하여 일시적으로 직무로부터 배제시키는 처분으로 주로 비위 공무원에 대해 공직에 대한 신뢰 확보와 공직 기강 확립을 위한 방편으로 활용되었다. 그런데 학교에서는 아동학대로 신고된 교원에 대한 무분별한 직위해제 결정이 잇따르고 있다. 실제로 2021년 9월에 개정된「교육공무원법」에는 직위해제 조항이 신설되었는데 아동학대로 수사받는 교원의 직위해제 근거가 되는 법령 조항을 살펴보자.

제44조의2 (직위해제)

① 임용권자는 다음 각 호의 어느 하나에 해당하는 자에게는 직위를 부여하지 아니할 수 있다.

1. 직무수행 능력이 부족하거나 근무성적이 극히 나쁜 자
2. 파면·해임·강등 또는 정직에 해당하는 징계의결이 요구 중인 자
3. 형사사건으로 기소된 자(약식명령이 청구된 자는 제외한다)
4. 금품비위, 성범죄 등 다음 각 목의 비위행위로 인하여 감사원 및 검찰·경찰 등 수사기관에서 조사나 수사 중인 자로서 비위의 정도가 중대하고 이로 인하여 정상적인 업무수행을 기대하기 현저히 어려운 자

  가. 「국가공무원법」 제78조의2제1항 각 호의 행위

  나. 「성폭력범죄의 처벌 등에 관한 특례법」 제2조에 따른 성폭력범죄 행위

  다. 「성매매알선 등 행위의 처벌에 관한 법률」 제4조에 따른 금지행위

  라. 「아동·청소년의 성보호에 관한 법률」 제2조제2호에 따른 아동·청소년대상 성범죄 행위

  마. 「아동복지법」 제17조에 따른 금지행위

  바. 교육공무원으로서의 품위를 크게 손상하여 그 직위를 유지하는 것이 부적절하다고 판단되는 행위

아동학대로 신고당한 교사를 무조건적으로 직위해제해도 된다는 내용은 법령 어디에서도 찾아볼 수 없다. 오히려 '비위의 중대함', '정상적인 업무 수행이 현저하게 불가능함'. '교육공무원으로서의 품위를 크게 손상함'이라는 표현을 통해 신중한 법 적용을 주문하고 있다.

우리나라에서 직위해제란 단순히 직무에서 배제되는 일에 그치지 않고 추가적인 불이익이 뒤따른다. 교사가 직위해제 통보를 받는 순간 직무 배제로 인한 심리적 고통은 물론이고 최대 70%에 이르는 봉급 및 수당의 감액, 호봉승급 및 승진의 제한, 연가 및 연금 산정에서 재직 기간이 제외되는 등 다양한 징벌적 불이익이 발생한다.

더 큰 문제는 이후 수사 및 재판에서 경징계 정도의 결과가 나오더라도 중징계 또는 당연퇴직형과 동일하게 불이익이 전혀 회복되지 않는다는 점이다. 설사 일시적이고 부분적으로 진행되더라도 직위해제는 교사에게서 근로의 권리(「헌법」 제32조)와 재산권(「헌법」 제23조)이라는 기본권을 박탈하는 처분이 되고 만다. 따라서 교사가 아동학대로 신고를 당했다는 이유만으로 「헌법」에서 보장하는 기본권을 박탈당하는 것에는 분명 법리적으로도 문제가 있어 보인다.

아동학대는 아동학대 의심만으로도 누구나 신고할 수 있고, 학교 종사자처럼 신고 의무자에 해당되는 사람은 지자체 또는 수사기관에 즉시 신고하여야 하며, 신고하지 않으면 과태료가 부과된다. 아동의 인권은 당연히 보호되어야 하고 아동학대가 반인륜적인 중대 범죄라는 것은 이론의 여지가 없다. 그렇다고 아동학대 신고만으로 많은 아이들의 교육을 책임지고 있는 교원에게 징벌적 성격이 강한 직위해제를 선제적으로 내리는 정책을 어떻게 받아들여야 할까?

호랑이 캐릭터 옆에 떠든 사람 이름을 썼다고 정서적 아동학대로 고소당한 교사의 경우는 학교 관리자가 교사를 아동학대로 직접 신고한 경우다. 학부모가 얼마나 난리를 쳤을지, 학교 관리자가 얼마나 집요하게 시달림을 당했을지 짐작은 된다. 교사를 아동학대로 신고한 관리자는 본인이 행정적 지침을 착실히 지켰다는 말로 책임을 모면할 수 있을지는 모르겠으나 오늘날 학교 분위기가 이 지경이 된 데 적지 않게 기여했다 할 것이다.

교사들이 학부모와의 갈등 상황에서 결정적으로 분노하고 좌절하는 지점은 동료 교사를 보호해 주지 않는 학교와 교육청의 태도다. 물론 현재 「아동학대범죄의 처벌 등에 관한 특례법」의 테두리에서 교사가 아동학대자로 민원이 제기되거나 신고될 경우 교육청과 학교가 할 수 있는 역할은 전무하다. 학생 측과 교사 측의 이견이 있어도 이를 청취하고 조정할 기구도 없고 권한도 없다. 지금의 학교와 교육청은 이러한 상황을 개선할 노력도 의지도 보이지 않는다. 지침에 나온 대로 신고 의무를 다 했고 분리 조치를 했으니 학교의 역할은 끝난 것일까?

수개월을 여기저기 불려 다니며 조사를 받다가 최종적인 결과 아동학대죄가 성립되지 않는다고 판명된다 하더라도 숱한 시간 동안 정신적 고통을 당하고 한 가정의 평화와 생계가 무너진 것은 누가 책임질 것인가? 또, 평화로웠던 학급에서 어느 날 담임교사의 직위해제로 인해 대다수의 학생들이 혼란을 느끼고 학습권을 침해받는 상황은 누가 어떻게 책임질 것인가?

교육청에서 직위해제 요건을 엄격히 하는 방향으로 규정을 정비해야 한다. 학생에게 온당한 생활지도를 했음에도 비상식적인 학부모의 아동학대 신고로 교사가 억울하게 직위해제되지 않도록 해야 한다. 기본적으로 교사의 인권을 보호하는 일이고 학교가 교육의 본질을 지키는 일이다. 2023년 9월에 국회 본회의를 통과한 「교원의 지위 향상 및 교육활동 보호를 위한 특별법」, 「초·중등교육법」, 「유아교육법」, 「교육기본법」 등 4개 법률이 개정된 것은 그나마 다행스러운 조치다.

상대적 박탈감으로 피폐해진 정서

언제부터인가 인터넷에서 떠돌던 수저 계급론은 이미 국민 정서에 깊이 스며들어 이제는 매체에서, 일상에서 자주 쓰는 용어가 되었다. 태어난 가정환경에 따라 개인을 흙수저와 금수저로 나누고 부모의 자본이 뛰어난 사람들을 부러운 시선으로 바라본다. 어떤 부모를 만나느냐에 따라 개인이 누릴 수 있는 자본, 인맥, 선택의 폭이 다를 수 있다는 걸 사람들은 잘 알고 있다. 아무리 노력해도 그 울타리를 넘어설 수 없다는 패배감이 우리 사회 곳곳에 존재하고 있다.

타인의 SNS를 보며 상대적 박탈감을 느끼는 '카페인(카카오스토리, 페이스북, 인스타그램) 우울증', '텅장(텅 빈 통장)', '있어빌리티(있어 보이는 능력)' 등의 용어들이 상용되고 있다는 것이 우리 사회의 우울하고 무기력한 분위기를 반증한다. 갈수록 계층 간 격차가 심해지는 양극화 현상은 근면과 노력의 가치를 폄훼하고 사회적 불안과 갈등을 심화시킨다.

한때 '부모 찬스'라는 용어가 유행했다. 자녀가 부모의 명망, 인맥, 부, 권력 등 사회적 배경의 도움으로 이득을 누리는 것을 말한다. 언론에 보도된 고위층 자녀들의 불공정 사례를 지켜본 사람들은 진입 과정의 공정성마저 부모 찬스에 의해 훼손됐다며 분노했다. 우리나라는 자녀 문제, 교육 문제에서의 불공정에 민감도가 매우 높은 편이다. 경쟁이 심한 입시 체제와 학교에서 내 아이가 겪는 상대적 기회 손실은 사회 전체에 대한 불공정과 부패의 시선으로 이어진다. 긴 팬데믹을 거치며 국민 경제 수준은 더욱 양극화되었고 사회 전반적으로 국민의 정서는 점점 거칠어지고 있음을 느낀다.

학교도 사회의 모습을 닮아 가고 있다. 학교에 떠도는 '개근 거지'라는 말이 있다. 가정 형편이 어려워 가족과 여행을 못 가는 아이들이 가정체험학습을 한 번도 쓰지 않아 결석이 없다는 걸 빗대어 표현한 것이다. 같은 교실에서 생활하는 친구끼리도 계급을 나누고 부모의 자산 수준에 따라 친구로 사귀어도 될지, 함께 어울리지 않아야 될지 부모가 판단하여 자녀에게 지시한다고 한다. 이런 가정교육과 학교 분위기에서 성장하는 아이들이 성인이 되었을 때 어떤 정서와 가치를 갖고 살아가게 될지 참으로 걱정스럽다.

우리 사회의 계층 간 격차가 커질수록 체념과 무기력이 고착화될 수밖에 없다. 문제는 이런 국민 정서가 확대되면서 사람들이 개인이기주의에 매달린다는 점이다. 지극히 평범한 사람들도 자녀에게 문제가 닥치면 '내 아이 보호하기' 모드로 돌변하는 것을 본다. '내 아이가 피해 보는 일은 참을 수 없다!' '나를 뭘로 보고······.' '내가 여기서도 밀려야 해?'라며 분노와 흥분 수위를 높인다. 현재 학교 현장에서 벌어지고 있는 극단적 이기주의 문화는 한 개인의 성향을 넘어 사회 전체 구조와 분위기로 인한 영향이 적지 않은 것 같다.

조금만 순차적인 생각으로 상황을 살펴보면 선생님으로부터 어떤 도움을 받아야 하고, 우리 아이의 성장에 도움이 되기 위해 어른들이 어떻게 대처해야 하는지 답이 나오는 일인데 비합리적인 대처로 교사와 학교를 지치게 한다. 학교에 와서 소리를 지르고 책상을 치면 본인의 분이 풀릴지 모르겠지만 학부모의 언행을 지켜보는 교사는 저렇게까지 과도한 분노 표출의 원인이 대체 무엇인지 의아할 뿐이다.

자녀를 키우다 보면 누구나 어려움에 직면한다. 억울한 일도 당하고, 속상한 일도 겪고, 당장이라도 달려가 상대방에게 한마디 해 주고 싶은 마음이 드는 때도 있다. 그러나 부모라는 자리는 그때그때 감정에 따라 하고 싶은 대로 다 할 수 없고, 또 그래서도 안 된다. 부모가 문제 상황에 대처하는 모습을 보고 그대로 모방하는 자녀가 있기 때문이다.

자식을 키우는 사람들은 서로의 어려움을 잘 알기에 어지간한 일은 이해하고 보듬으며 갈등과 오해를 풀었던 시절을 우리는 기억한다. 어른들이 성숙하게 문제를 해결해 가는 모습을 곁눈으로 보고 자라는 아이들은 이 모든 문제해결 과정을 자신도 모르게 학습하게 된다. 지금까지 인류가 발명한 최고의 교육 방법은 모델링이라는 말이 있지 않은가. 좀처럼 내 의지대로 풀리지 않는 일에서 어떻게 타인과 갈등을 조율하며 세상을 살아가야 하는지, 내가 옳다고 여기지만 한 발 물러나 상황을 바라볼 줄 아는 힘과 여유가 왜 필요한지 아이는 주변 어른들을 통해 보고 깨닫는다. 갈등은 우리 삶의 일부다. 갈등을 지혜롭게 풀어 가는 성숙한 어른들의 모습을 아이들에게 몸소 보여 줄 수 있다면 좋겠다. 감정에 치우진 해법은 일을 그르치기 마련이고, 설령 상대방과의 다툼에서 이겼을지는 모르지만 내 아이가 무엇을 보았을지, 무엇을 깨닫고 배웠을지 잘 생각해 보아야 할 일이다.

내 아이 상처는 못 참지

백석대 한만오 교수는 《예비 부모를 위한 부모교육》에서 자녀를 망치는 양육 태도로 '과잉보호형 부모'를 제시하고 있다. 요즘 우리 사회는 자녀를 적게 두다 보니 부모나 주변 사람들의 관심과 사랑이 이전 세대와는 확실히 다르다. 초등학교 입학을 앞둔 아이 한 명에게 부모와 양가 조부모, 이모 혹은 고모, 삼촌까지 모두 8명이 함께 지갑을 연다는 뜻의 '에잇 포켓'이란 말이 있다. 경제 불황 속에서도 아동용품 시장이 매년 성장하는 이유는 저출산 시대에 아이 한 명을 위해 부모와 주변 어른들로부터 제공되는 정서적 지지와 물질적 공급이 풍족하기 때문이다.

넘치면 부족하니만 못하다는 말이 있다. 이렇게 많은 사랑과 관심 속에 자라는 요즘 아이들은 부모의 과잉보호로 또래와 겪는 문제를 해결하는 능력이 현저히 부족해지고 있다. 아이들은 자신이 지금 갖고 놀 장난감을 선택하는 것에서부터 내가 지금 무슨 일을 하며 시간을 보내야 하는지 등 자신의 생활과 학습에 대한 통제를 부모로부터 받는다. 부모가 밖에 있는 경우는 전화를 해서 물어본다. "엄마, 나 지금 뭐 해야 돼?" 이런 질문을 받은 엄마는 일을 보는 중에도 학습할 내용, 놀이할 종목, 학원 가는 시간 등을 알려 주며 자녀를 원격 조종한다. 아이 스스로 뭔가를 생각할 수 있는 여유도 없고 의사결정권도 없다. 부모는 자녀의 학년이 올라갈수록 알아서 좀 하길 바라지만 어려서부터 하나하나 부모의 지시를 받아 생활해 온 아이에게 자기주도성이 확립되길 기대하는 것은 무리다.

요즘 아이들은 놀이마저 부모가 짜 놓은 그룹과 일정 속에서 움직여 자신의 의지로 해결할 수 있는 일이 거의 없어 보인다. 자신이 느껴야 마땅한 기쁨과 성취감마저 부모가 기뻐하기 때문에 행복한 자신이 되고마는, 어찌 보면 타인에 의해 지배받는 삶을 어려서부터 성인이 될 때까지 이어 가고 있는 것이다. 자녀가 결혼이나 독립을 미루고 부모와 동거하는 '캥거루족'이 점점 늘어나는 이유도 우리나라 자녀 교육 문제의 오류를 드러내고 있는지 모른다.

사랑은 인간을 성장시키지만 부모의 과잉보호는 잘못된 사랑의 표현이다. 사랑의 이름으로 행해지는 과잉보호는 자녀를 나약하고 무기력한 존재로 만든다. 자녀를 동등한 인격체로 받아들이지 않고 부모의 욕망대로 움직여야 하는 부속품으로 생각하고 있는지 모른다. 자녀를 통해 성취감을 느끼고, 자녀의 슬픔이 곧 부모의 슬픔이 되는 것은 과잉 동일시 현상으로 부모도, 자녀도 건강한 인격체로 나아갈 수 없게 한다. 자녀에게 내리는 지시와 간섭이 부모 자신의 불안이 만든 통제가 아닌지 성찰해 볼 필요가 있다.

잠시 학교 이야기를 해 보자. 도영이는 학교에서 선생님에게 야단을 맞고 풀이 죽어 집으로 돌아왔다. 엄마는 아이에게 학교에서 무슨 일이 있었느냐고 캐묻는다. 자기만 떠든 게 아닌데 나만 혼났다고 볼멘소리를 하는 도영이에게 엄마는 충분히 공감해 주었다. 도영이가 말하는데 손등을 보니 살짝 긁힌 자국을 발견한다. 물어보니 친구랑 장난을 치다 실수로 그렇게 된 것이란다. 꼬치꼬치 캐물어 보지만 별일 아니라고 하는데 미심쩍다.

긴 한숨을 내쉬는 엄마는 선생님을 원망하는 표정을 숨기지 못한다. 아이들이 이렇게 장난을 치는데 제재를 안 하셨는지, 같이 떠들었는데 왜 우리 아이만 혼났는지, 아이가 상처가 났는데 왜 전화로 알려 주지 않는지 원망은 온통 담임교사에게로 간다. 도영이 엄마는 늦은 시간이지만 선생님에게 전화를 걸어 내일 학교로 찾아가겠다고 이야기한다.

학교로 찾아간 도영이 엄마는 도영이가 선생님에게 혼난 것을 무척 억울해 한다는 것과 같이 장난을 쳤는데도 늘 도영이가 더 야단을 맞아 아이의 학교생활이 점점 위축되는 것 같다고 불만을 제기한다. 도영이 손에 난 긁힌 자국보다도 도영이 엄마의 피해의식과 마음의 상처가 더 큰 것 같다. 아이의 서운함이 곧 도영이 엄마의 서운함과 분노로 대치된다. 결국 도영이 엄마는 장난을 친 상대 아이 엄마에게 병원 치료비와 약값까지 받아 내고, 혹시 모를 사안에 대비해 아이의 상처를 끝까지 책임지겠다는 각서까지 받아 내고서야 일을 마무리하였다.

담임교사를 맡는 일 년 동안 위와 유사한 사례는 흔히 발생한다. 우리나라 부모는 자녀의 일이라면 전장에 나간 투사가 된 듯 비장하다. 아이들 싸움에 어른들의 결기가 대단하다. 내 아이를 지키려는 부모 마음이야 이해하고도 남지만 어떤 대처가 정말 자녀를 위한 일인지 차분히 생각해 보아야 한다.

위의 사례에서 부모가 도영이와 충분히 대화하며 아이 스스로 억울한 마음을 풀어 갈 수 있도록 코칭할 수 있었다면, 선생님과 도영이가 만나 대화하는 동안 서로 자신을 돌아볼 기회를 가질 수 있었다면 도영이는 작은 갈등을 통해 훨씬 많은 것을 배우고 성장할 수 있었으리라.

물론 아이들끼리의 작은 다툼도 소홀히 다루지 않고 깊이 있게 들여다보아야 하는 경우도 있다. 그러나 학급의 역동을 잘 파악하고 있는 담임선생님에게 도움을 구하면 해결될 수 있는 일인데도 부모가 지나치게 개입하여 일을 어렵게 만드는 경우가 많다. 고학년 아이들은 부모의 과도한 개입이 자신을 사랑해서 보호한다고 생각하기보다 부모가 나를 믿지 못한다고 생각하기도 한다. 친구들과의 사소한 언쟁이나 갈등이 생길 때마다 부모가 모든 것을 해결하고 자녀의 감정을 돌본다면 아이 스스로 타인과의 관계 맺기에서 완급을 조절하는 힘이나 관계의 기술을 배울 기회가 점점 없어진다.

또래와의 관계에서 때로는 좌절도 경험하고 갈등을 해결해 가며 어른으로 성장해 간다. 자녀의 모든 문제를 부모가 해결해 준다면 아이는 문제가 닥쳤을 때 스스로 해결해 본 경험이 없기 때문에 성인이 되었을 때도 본인의 문제를 스스로 해결하지 못한다. 상처받지 않고 자란 사람이 어떻게 타인의 상처에 공감할 수 있겠는가. 내 아이 상처는 못 참는다는 부모의 생각은 '내 아이도 상처받을 수 있어. 그러면서 성장해 가는 거야.' 라는 포용력과 자녀를 믿는 마음으로 전환해야 한다.

우리나라의 높은 이혼율 원인은 양가 부모님이 부부 문제에 개입하여 문제를 더 어렵게 하기 때문이라는 이야기를 듣곤 한다. 부모가 성인이 된 자녀에게까지 사랑이라는 이름으로 과잉 간섭하며 개입하는 것은 옳지 않다. 진정한 의미의 사랑은 자녀가 건강한 독립을 향해 나아가도록 돕는 것이고, 정신적 성장을 이루도록 지지하고 응원하는 것이다.

자녀의 성장은 실수하고 넘어지면서 극대화되는 것이기에 때로는 자녀가 상처로 아파해도 스스로 이겨 내도록 믿고 기다려 주어야 한다. 자녀가 실수를 통해 배울 수 있게 길을 열어 주어야 한다. 진정으로 자녀가 행복하기를 바라고 잘 살기를 원한다면 자신의 연령에서 처러 내야 할 고난과 상처를 경험하도록 허락해야 한다.

목소리 높이면 손해는 안 보더라

우리는 '불의는 참아도 불이익은 못 참는다.'라는 말이 유행인 사회에 산다. 자신이 피해를 본다고 생각하면 목소리를 높이는 사람들이 있다. 학교에 민원을 제기하는 사람 중에도 목소리로 상황을 제압하려는 사람들이 있다. 평범한 톤으로 사분사분 이야기하면 절대 먹히지 않는다고 어디선가 철저히 학습을 받은 것 같다. 공공기관, 병원, 영업장, 모든 관공서에 등장하는 진상 민원인들이 학교에도 똑같이 등장한다. 아이의 억울한 마음, 불편을 겪고 있는 문제 상황을 함께 의논하고 해결하기 위해 학교를 찾아온 부모인지 일상의 자기 분노까지 쏟아부으며 자신의 존재감을 드러내려고 찾아온 사람인지 헷갈린다.

사안 전체의 옳고 그름을 따지기 전에 '내 감정을 상하게 했다.' '내 아이에게 상처를 주었다.'는 자의적인 해석 하나에 체면도 교양도 다 던지고 고래고래 소리부터 지르는 사람들이다. 상대의 말을 끝까지 듣는 법이 없다. 한 문장이 끝나기도 전에 치고 들어와 "그게 말이 됩니까?" "그래서 뭡니까? ~하라는 겁니까?" "상식적으로 학교가 이럴 수 있는 겁니까?" 등의 말을 하며 상식을 앞세운다. 본인의 모든 언행은 정당하고 합당한 것, 자신의 행동은 선한 의도라고 착각한다.

　이런 행동을 하는 사람들은 학식과 직위를 불문하고 전개하는 논리와 언행이 비슷하다. 대화 테이블에서 소리를 치고 책상을 두드리고 공포 분위기로 상황을 제압한다. 옳고 그른 것에 대한 판단을 할 수 있는 합리적 지각 상태가 아니다. 자신의 아이 입장에서만 상황을 보기 때문에 한 치의 양보나 타협도 있을 수 없다. 자신과 아이의 기분을 상하게 한 행동은 모두 옳지 않은 행위가 되며, 더 나아가 비도덕적인 것으로 호도한다. 상황의 맥락을 보는 법이 없다. 자신과 아이가 피해를 보았다고 여기면 모든 일은 불공정한 것이 되고, 이것을 해결하지 못하면 한심한 학교, 무능한 교사, 문제 교사가 된다.

　여기서 미국 시카고대학교 학생들을 대상으로 했던 실험을 보자. 노벨경제학상을 수상한 최초의 심리학자인 대니얼 카너먼(Daniel Kahneman)과 《넛지》의 공동 저자로 유명한 캐스 선스타인(Cass R. Sunstein) 등이 시카고대학교 로스쿨 학생들을 대상으로 실험을 했다. 학생들에게 어려운 상황을 주고 어떤 처벌을 내려야 할지 형벌을 내려 보라고 제시하였다. 어떤 학생들은 가벼운 처벌을, 또 어떤 학생들은 중형을 내리는 등 다양한 의견이 나왔다. 그들에게 형벌을 내린 각각의 합당한 논거를 제시하라고 했다. 그런 다음 어느 쪽이 더 쉬웠는지 물었다.

　결과는 무거운 처벌을 내린 학생들 쪽이 처벌을 내리기 더 쉬웠다고 대답했다. 아무런 정보가 없는 상태에서도 중형을 내리는 쪽으로 훨씬 호소력 있게 근거를 제시할 수 있었다. 시쳇말로 가혹하게 처벌해야 한다고 주장하는 게 '말발'이 잘 먹혔다. 조곤조곤 합리적으로 얘기하는 것보다 목소리 높이는 게 쉽고 편하다는 얘기다. 학교로 찾아오는 민원인들이 소리부터 높이는 이유를 모르는 바 아니지만 그들의 언행은 지극히 이기적인 마음에서 비롯되었다는 것을 학교 사람들은 훤히 안다.

일부 학부모의 민원이지만 이런 일도 있다. 교사가 학생을 훈육하기 위해 잠시 앞으로 불러 주의를 준 것조차 아이에 대한 정서적 학대라고 주장하기도 한다. 아이가 선생님 앞에서 느꼈을 두려움, 공포감, 수치심을 생각이나 해 보았느냐고 소리 높여 따진다. 이런 항의를 하는 학부모는 잘못을 저지른 자녀에게 가정에서는 어떻게 교육을 하는지 묻고 싶다.

가정교육에 대한 거창한 담론을 얘기하려는 것이 아니라 소중한 내 자녀가 다니고 있는 학교이고, 우리 아이를 가르치는 선생님 앞이라면 부당하다고 여겨지는 상황이라 하더라도 학부모로서 품위를 지켜 대화하는 것이 맞다. 학생들만 가르치며 외길을 걸어온 교사들은 악다구니를 쓰며 소리치고 완력을 행사하는 사람들에게 익숙하지 않다. 절대적인 공포를 느낀다. 학교에서 비합리적인 언행을 한 번 해 본 사람은 두 번, 세 번 아니 열 번, 스무 번도 쉬운 모양이다. 어쩌면 큰소리부터 치고 나면 주눅이 드는 학교 사람들 앞에서 '이 정도는 해 볼 만한 행동이구나.'라고 느끼고 대화에서 우위를 선점한 것으로 여기는지 모르겠다.

괴물 학부모의 감정을 받아 줄 수 있는 곳이 결국 자녀가 다니는 학교라니 얼마나 슬픈 현실인가? 아무튼 일단 체면을 한 번 구기고 나면 더 이상 눈치를 살필 일도 없고, 목소리를 높여 따지고 들면 모두가 벌벌 떨며 굽신거리니 손해 볼 게 없다고 생각하는 것 같다. 이런 행위가 학교에서만 보이는 비이성적 행동이면 그나마 다행이련만 이런 부모가 가정에서 자녀를 양육할 때 어떻게 대화하고 문제를 해결할지 참으로 걱정스럽다.

가정에서 자녀 한 명 교육하는 일도 쉽지 않은데 교실은 20명이 넘는 학생들이 높은 에너지를 발산하며 역동적으로 움직이는 공간이다. 순간적으로 위험한 상황도 생길 수 있기 때문에 아이들의 안전한 생활을 위해 교사들은 온 신경을 곤두세워 매 순간 학생들을 살핀다. 어떤 날은 화장실 갈 틈도 없이 시간이 훅 지나가는 날도 있다. '정서 학대' 운운하는 것은 기본적으로 교사에 대한 존중과 신뢰가 전혀 없는 관계에서 벌어지는 일이다. 다음은 어느 맘카페에 올라온 글이다.

"요즘 일부 부모들은 아이를 낳아 기르기만 하고 가르치지는 않는 것 같습니다. 어린이집, 유치원, 학원, 학교에 맡겨 놓고 내 새끼한테 어떻게 하는지 감시만 하는 것 같아요. 인생을 살아가는 데 있어 꼭 필요한 좌절과 상처, 이를 극복함으로써 얻는 성장의 기회를 빼앗고 그놈의 자존감, 트라우마 타령 좀 그만했으면 좋겠습니다. 상처 없는 성장이 있나요? 온통 친절, 친절, 친절로만 점철된 학창 시절을 보낸 아이들이 사회에 나와 자신의 한계, 인생의 부조리, 사회의 냉정함과 맞닥뜨렸을 때 어떻게 버틸지 진정으로 무섭고 걱정됩니다."

학부모끼리도 진상 학부모로부터 받는 스트레스와 불편함이 왜 없을까 싶다. '목소리를 높이면 손해는 안 보더라.' 라는 생각을 불식시키기 위해선 학교에서 비이성적인 언행을 하면 처벌받는다는 것을 우리 사회와 법이 공식화해야 한다.

(((2장)))

내 말 좀 들어 보세요

《트라우마 공감학교》를 쓴 수잔 크레이그(Susan E. Craig)는 가르치는 일은 스트레스와 연관된 건강 문제를 생각할 때 최고로 힘든 직업 중 하나라고 했다. 학교 밖 사람들은 말한다. 교사들은 방학도 있고 휴업일도 많아 보통 직장인보다 편하겠다고.

최근 교사의 교권 침해에 대한 이야기들이 쏟아지자 일반인들은 의아한 시선으로 바라본다. 말도 안 되는 학부모 민원 사례를 듣고 경악한다. 그런데 언론에 보도된 일이 특정 학교와 교실에서만 발생하는 일이 아니라는 것에 사태의 심각성이 있다.

교사들은 20여 명의 각각 개성이 다른 아이들과 깊이 연결되어 있어 학교에서 부모 역할을 하는 존재다. 게다가 요즘은 부모는 물론 조부모, 외조부모까지 학교와 연결되고 있어 정말 많은 사람을 상대하는 직업이다. 부모는 한 번 전화해서 교사에게 질문하는 일이라 여기지만 학급 학생 수를 감안하면 적지 않은 건으로 학부모의 질문과 상담에 응하게 된다. 교사는 사람을 상대하는 어떤 직업과도 견줄 수 없을 만큼 피로도가 높은 직업이다. 오죽하면 교사가 더는 버틸 수 없을 지경이 되면 그때가 방학 시작이라는 말이 있겠는가.

평화로운 학교 분위기가 지속될 때라 하더라도 기본적으로 학교는 연간 학사 운영이 차질 없이 진행되도록 하기 위해 많은 논의와 세심한 준비가 필요하다. 교사 역시 행정 업무, 학생 지도와 학부모 상담 등 교재 연구 외 해야 할 일이 산재해 있는데, 여기에 복잡한 학교폭력 사안이나 학부모 민원이 터지면 학교는 정신을 차릴 여유가 없다. 담당 교사들이 바쁘고 정서적으로 피폐해지니 그 여파는 학생들에게 전해지고 교육공동체 모두가 교육에 대한 깊은 회의에 빠진다.

이번 장에서는 학교에 호소하는 민원의 목소리와 사례를 살펴보고자 한다. 빈도수가 가장 높은 학부모 민원에서부터 교사와 학생 민원, 마지막으로 지역 주민의 민원까지 그들의 요구 사항에 어떤 것들이 있는지 살펴보자.

선생님, 학교가 이래도 됩니까?

– 학부모 민원 사례

　여기서는 2020년 필자가 서울과 경기도 지역에 있는 초·중·고 교사들을 대상으로 설문을 실시한 자료와 〈초등학교 학부모 교권 침해 민원 사례 2077건 모음집〉 발간 자료를 참고하여 학부모 민원을 유형별로 살펴보고자 한다.

　한국교원단체총연합회는 2023년 스승의 날을 맞아 전국 유·초·중·고·대학 교원 6,751명을 대상으로 설문조사를 실시하였는데 교원들의 교직에 대한 인식이 역대 가장 부정적인 것으로 나타났다. '교원들의 사기는 최근 1~2년간 어떻게 변화됐나?'에 대한 문항에서 87.5%가 '떨어졌다'라고 응답해 2009년 같은 문항으로 처음 실시한 설문 이래 역대 최고를 기록했다.
　교직 생활 중 가장 큰 어려움에 대해서는 '문제 행동, 부적응 학생 등 생활지도'를 가장 많이 들었다. 생활지도가 어려운 이유가 수업 방해 등 학생의 문제 행동을 교사가 제지할 방법이 없고, 교사가 적극 지도했다가 무차별적인 항의, 악성 민원, 아동학대 신고만 당하는 학교 현실 때문

학부모 민원 사례 조사 설문지

안녕하세요?

학교 현장에서 아이들 교육에 묵묵히 헌신하고 계신 선생님들 수고가 많으시지요? 저는 최근 교육 현장에서 겪고 있는 학부모 민원 사례를 수집, 분석해 봄으로써 민원 시스템의 합리적 운영을 위한 작은 연구를 시도하고 있습니다. 학부모 민원 문제를 보다 합리적으로 운영하여 선생님들께서 가르치는 일에 전념할 수 있게 되고, 교육 주체 간 신뢰를 회복하여 아이들이 더 행복하고 건강하게 성장할 수 있도록 돕고자 합니다. 선생님들께서 겪었던 사례를 간략히 소개해 주시면 연구에 큰 도움이 되겠습니다. 귀한 시간 내어 주셔서 고맙습니다.

○○초등학교 교사 한명숙 드림

* 보내 주실 곳: ○○○○○@korea.kr

1. 선생님의 교육 경력	년	2. 학교급(초·중·고교)	
3. 민원 사례 발생 시기	( ) 학년도		
4. 민원 내용 (간략히 개조식으로 기술 바랍니다.)			
5. 처리 결과			
6. 위 사례에서 가장 어려웠던 점			
7. 민원 해결에 도움이 될 수 있는 방안			

이다. 또, 교사들은 '학부모 민원 및 관계 유지'를 교직 생활의 큰 어려움으로 호소하고 있었다. 학생 지도와 학부모 상담에서 교사의 권위를 발휘할 수 없다면 현실적으로 교사가 할 수 있는 일은 별로 없다. 무기력한 교권이 교원의 자존감을 떨어뜨리고 학교를 교육의 본질과 멀어지도록 만들 뿐이다.

어느 일간지에서 설문조사한 결과 "특정 학생에 대한 혜택 요구를 경험했다."고 밝힌 이는 모두 70.5%로 드러났다. 악성 민원을 제외한 대부분의 민원은 결국 본인 자녀에게 특별한 혜택을 요구하는 경우가 가장 많은 것으로 조사되었다. 초등학교에서는 반 배정, 자리 배정에 대한 요구가 많았고, 중학교나 고등학교에서는 진학을 위한 성적, 수상 관련한 민원이 대체로 많았다고 한다.

다음은 학부모로부터 들어오는 요구 사항을 크게 7가지 영역으로 나누어 사례를 살펴본 것이다. 돌봄, 학생 생활지도, 학습지도와 평가, 학교폭력과 아동학대 관련, 비상식적 민원, 학급운영 간섭, 기타 유형으로 나누어 보았다. 문제를 해결하기 위해서는 문제를 직시하는 일이 선행되어야 한다고 생각한다. '설마 이런 요구까지?'라고 생각할지 모르겠지만 비일비재하게 벌어지고 있는 학교 현장 학부모의 목소리를 들어 보자.

1. 학생 돌봄에 관한 사례

- 우리 애 학원 버스가 2시에 오는데 선생님이 아이를 늦게 보내서 학원 버스를 놓쳤어요. 매번 이렇게 학원 수업을 빠지게 하시는데 어

떻게 책임질 건가요?

― 학교는 정규 수업 외 많은 활동 안에서 학생이 규범과 사회성, 책임감을 습득하도록 돕는다. 어찌 보면 교과 수업보다 수업 외 활동을 통해 가치를 내면화하고 잠재적 교육과정의 효과가 극대화된다고 할 수 있다.

종례 시간 역시 수업 이상으로 의미 있는 시간이다. 하루를 마치며 갈등이 있었던 친구들과 학급 구성원 모두가 성찰할 수 있도록 돕는 선생님의 말 한마디, 오늘 하루도 건강하게 잘 지낼 수 있었던 것에 대해 주변 친구들과 나누는 감사의 시간은 무엇보다 소중하다. 만약 이런 요구를 하는 학부모의 편의를 봐 준다면 나머지 학생들에게 미칠 부정적인 영향과 학급 세우기의 어려움은 누가 감당할지 난감하다.

- 아이가 아침에 열이 나고 구토 증세가 있었는데 겨우 등교했어요. 열이 많이 나서 해열제 먹여 보냈는데 매 시간마다 체온 체크 좀 해 주세요.

― 교사는 돌봄 보육사가 아니다. 쉬는 시간에는 선생님도 쉬면서 다음 수업을 준비할 여유가 필요하다. 매 시간 체온을 체크해야 할 정도면 학생은 가정에서 부모의 돌봄을 받거나 병원을 찾아야 하지 않을까? 당신 자녀 한 명을 돌보느라 나머지 20여 명의 아이들 지도를 소홀히 하게 되는 건 괜찮은 일일까?

- 우리 애 싫어하는 음식은 급식 시간에 먹지 않도록 해 주세요. 지난번에도 먹기 싫은 급식을 억지로 먹고 와서 집에서 애가 속이 거북

하고 힘들어 했던 거 모르시죠?

  – 학생의 컨디션이 안 좋아 식사를 제대로 못 하는 날이 있을 수도 있다. 불편한 일이 있거나 건강상 힘든 상황이 생기면 선생님에게 말씀 드리고 도움을 구하면 될 일이다. 그런데 아이가 먹기 싫어한다고 당신 자녀에게만 예외를 둔다면 학급운영 전체의 규칙이 흐려지는 것은 어떻게 해야 하는가? 또, 엄마가 부탁을 한 친구는 자기 마음대로 해도 된다면 다른 학생들이 느끼는 공정성에 대한 회의와 박탈감은 어떻게 할 것인가? 학생이 특별한 음식 알레르기가 있거나 먹지 않아야 하는 음식이 있다면 학기초 학생 건강진단 검사에 반영하고 관리하는 것은 별개의 문제다. 본인 자녀가 먹기 싫은 건 안 먹게 하고, 먹고 싶은 대로만 식단을 제공해야 한다면 집에서 도시락을 준비해 주는 것이 맞다.

- 아이가 아침에 일어나질 못하는데 모닝콜을 좀 해 주시면 안 될까요?

  – 아이가 아침에 일어나지 못하는 이유를 가정에서 찾아보고 개선을 강구할 일이지 아침마다 모닝콜을 해서 민원인 한 자녀를 관리하는 것이 교사가 할 일은 아니다. 설마 어떤 학부모가 이런 말을 교사에게 했을까 싶지만 이 민원인은 결국 거절한 교사에게 앙심을 품고 교육청에 전화하고 담임을 비방하는 일을 벌였다. 비상식적인 민원인은 교사가 어떻게 대처해도 사태를 비화시키곤 하지만 교사들이 이런 말도 안 되는 민원에도 고민을 해야 한다는 사실이 슬프고 안타깝다.

- 수업 중 아이들이 이상한 냄새가 난다고 하여 교사가 주변을 돌아보니 한 학생이 교실에서 실수를 한 것을 알게 되었다. 교사가 조용히 뒤처리를 해 주고 옷도 갈아입도록 도와주었다. 그런데 오후에 부모가 왜 아이의 실수를 반 전체 아이들이 알게 했냐고 거칠게 항의하며 선생님이 무서워 아이가 화장실 간다는 말도 못 했다고 우리 애 원래 그런 실수하는 애 아니라고 교사를 원망하였다.

  – 유치원과 초등 저학년 교실에서는 학생이 이런 실수를 하는 경우가 종종 발생한다. 본인도 모르게 벌어진 사태에 아이가 부끄러워 선생님에게 다가가 말을 할 수 있는 처지도 아니었겠다고 짐작이 된다. 결국 냄새 때문에 주변 친구들이 다 알게 된 일일 텐데 도움을 준 선생님에게 감사는커녕 원망을 퍼붓는다는 게 이해하기 어렵다. 학급 친구들이 해당 아이를 놀린 것도 아니고 왜 적반하장으로 담임을 공격하는지. "선생님 힘드셨을 텐데 도와주셔서 감사합니다."라는 말 한마디면 대부분의 교사들은 본인이 해야 할 일을 했다고 생각할 사람들이다. 같은 말도 어떻게 표현하느냐에 따라 하늘과 땅 차이만큼 달라지는데 이런 상황을 겪게 되면 교사들은 정말 억장이 무너진다. 악성 민원을 방지하고 「아동학대범죄의 처벌 등에 관한 특례법」만 개정한다고 모든 문제가 해결되지 않는다. 교육을 서비스로 보는 문화가 개선되지 않는다면 어떠한 법에도 허점을 노리는 교권 침해가 반복될 수밖에 없다.

2. 학생 생활지도에 관한 사례

- 학급에서 친구와 서운한 일이 있었던 A 학생이 SNS를 통해 B 학생을 헐뜯는 일이 발생했다. B 학생 부모는 선생님이 이런 일에 미리 대처했어야 하는 것 아니냐고 항의했고, 담임교사가 학생 생활지도를 제대로 못한다고 학교 관리자에게 민원을 제기하였다.
  – 모든 일을 미연에 알고 방지할 수 있는 전지전능한 교사는 없다. 다만 남을 비방하고 모욕하는 일을 하면 안 된다는 것을 평소 인성교육 차원에서 수시로 강조하고, 인터넷 활용 교육도 중요하게 다루어야 할 것이다. 그런데 현재 학생 인권 보호를 이유로 교사는 학생의 휴대전화 검사를 일괄적으로 할 수 없으며, 학생 간 갈등에 잘못 개입했다가 돌이킬 수 없는 낭패를 당하는 사례가 많아 학생 생활지도에 한계가 많다. 부모가 자녀의 휴대전화 사용과 관련하여 자주 대화하고 교육하는 것이 더 현실적이다.
  교육은 가정과 학교가 함께 힘을 모아 같은 목표를 지향하며 나아가야 한다. 학생의 지적·정서적 성장을 학교가 전부 책임질 일은 아니다. 가정에서 부모가 지도하고 책임질 부분이 훨씬 크고 막중하다. 교사의 권한은 제한적이면서 잘못에 대한 책임 추궁만 따른다면 곤란하다.

- ADHD인 학생이 화가 치솟으면 수업 중 괴성을 지르고 물건을 던지는 일이 반복되었다. 제어가 불가능한 정도라 학교 관리자의 도움을 받아 학생을 교무실로 데려가 분리한 일이 있었다. 학부모는 자녀의 수업권을 침해했다고 교무실에서 강력히 항의했고 학교의

부당함을 교육청에 알렸다.
- 지금 이런 일은 학교마다 빈번하게 벌어지는 사례다. 민원인 자녀가 대다수 학생의 학습권을 침해하고 있는 현실은 간과하고 자기 자녀의 학습권만 주장하니 참 난감하다. 물론 다양한 사람들이 함께 어울려 살아가는 사회이기에 어려움을 겪는 친구의 특성을 이해하고 보듬어 준다면 이런 경험도 학생들에게는 교육적 의미가 있다고 생각한다. 그런데 이렇게 교실에서 난동을 부리는 학생을 방치했다가 학급의 다른 학생이 신체적·물리적 피해를 입게 된다면 그 책임은 누가 져야 할까? 많은 학생을 지도하는 교사의 어려움을 이해하지 못하고 오직 내 자녀의 권리와 안위만 앞세우는 세태에 교사들은 맥이 빠진다.

- 친구들에게 소리를 지르고 툭툭 치는 행동, 위험한 장난, 괴롭힘이 지속되고 있는 학생의 어머니와 상담하며 담임교사가 조언을 한 일이 있었다. 이런 행동이 지속되면 다른 학생들로부터 학교폭력으로 문제가 제기될 수 있으니 자녀의 어려움을 살펴보고 전문가의 도움을 받아 볼 것을 권유했다. 다음 날 학부모가 담임교사를 찾아와 자녀를 문제아 취급한다며 난동을 부렸다.
  - 교사의 조언에 이런 반응을 하는 부모가 가정에서 자녀와 나누는 의사소통 방식은 어떠할지 걱정스럽다. 학생의 학교생활 부적응 원인은 학생만의 문제가 아니다. 가정의 역동 안에서 겪는 학생의 다양한 심리 문제, 부모와의 관계 등을 면밀히 살펴 문제점이 해결되어야 조금씩 개선될 수 있다. 학생의 학교생활 부적응에 대해서는 우선 가정에서 문제점을 직시하고 교사와 협력하여 지

도해 나갈 때 긍정적인 변화를 기대할 수 있을 것이다. 또한 교사와 학부모 간 기본적인 신뢰감이 형성되지 않은 상황에서의 조언은 예상치 못한 결과로 이어지니 교사들은 말 한마디도 참 조심스럽다.

- 학급에서 친구들과 다툼이 잦은 학생이 있었다. 이 학생은 결국 학교폭력 신고 접수가 되었는데 학부모는 아이가 이렇게 될 때까지 왜 전화를 하지 않았느냐고 따졌다. 담임교사는 꾸준히 문제 제기를 하였고 여러 번 전화와 문자 상담을 주고받았는데 별일 아닌 듯 시큰둥하게 반응하다 사안이 터지자 모든 책임을 담임교사에게 떠밀며 학급 관리를 못하는 사람이라고 관리자 앞에서 망신을 주었다.
  - 한 아이를 올바르게 기르기 위해 온 마을이 필요하다는 아프리카 속담이 있다. 자녀의 학교생활에 대해 가장 가까이에서 관찰한 담임교사가 문제를 제기하면 함께 머리를 맞대고 학생의 행동을 개선하기 위해 협력해야 할 일이다. 모든 일에 대해 담임교사만 탓한다면 많은 시간 함께하는 부모는 왜 아이를 그 지경이 될 때까지 방치했는지 묻지 않을 수 없다.

- 퇴근 이후 담임과 전화 통화가 안 된다며 불만을 갖고 있던 학부모가 어느 날 아이가 아픈데 집으로 연락도 해 주지 않았고 보건실도 보내지 않았다며 학교에 민원을 제기했다. 이후 아동학대로 고소하였다.
  - 담임교사에게 불편한 감정을 품고 있는 사람은 대부분 담임의 언

행, 학급운영 등 모든 일에 흠을 잡는다. 자녀의 알림장을 통해 상담을 요청하거나 근무 시간 중 전화 통화를 시도하는 등 조금만 여유를 갖고 소통하면 해결될 일임에도 불구하고 자신의 입장에서 화가 치솟으면 밤낮을 가리지 않고 전화와 문자 폭탄을 퍼붓는 것이 이들의 특징이다. 이런 가정에서 자녀는 타인을 배려하며 온전한 성품으로 성장할 수 있을까?

3. 학습지도, 평가에 관한 사례

- 2학년인데 한글 미해득인 학생이 있었다. 담임교사가 방과후에 학생을 지도해 주고 싶다고 했더니 학원 스케줄과 시간이 맞지 않는다며 학부모가 지도를 거절했다. 학년말에도 여전히 한글 미해득인 자녀를 두고 한글 해득은 담임 책임제라는 것을 알고 있느냐며 일년 동안 아이를 방치한 교사라고 관리자에게 담임을 비방하였다.
  - 정규 수업 종료 후 학생을 따로 남겨 나머지 지도를 할 경우 학부모의 동의가 있어야 가능한 일이다. 부모가 나머지 지도를 거부했는데 왜 학년말에는 모든 책임을 교사에게 떠넘기는가? 그리고 아이가 2학년이 끝날 때까지도 한글 해득이 안 된다면 기본 인지력에 문제가 있는 학생일 수 있다. 다그친다고 될 일이 아니라 인지 검사를 통해 자녀의 현재 상황을 정확히 판별하는 것이 우선이다.

- 수행평가지에 사선을 그어 오류 답안임을 표시했더니 왜 아이 기를

죽이냐며 교사가 학생 마음을 그렇게 이해를 못 해서 어떻게 학생을 가르치느냐고 항의했다.

- 수행평가지의 피드백 하나에도 예민하게 반응하고 민원을 제기하는 학부모이니 담임교사의 에너지가 소진될 만하다. 학생 지도 하나하나에 크고 작은 간섭이 반복된다면 교사의 학급운영 전반이 위축될 수밖에 없다. 교사는 대학에서 학생 지도에 필요한 일정한 훈련을 받고 관문을 통과한 교육 전문가다. 교사에 대한 신뢰감 없이 불안한 마음으로 자녀를 맡긴다면 아무리 좋은 교육 프로그램을 제공하더라도 왜곡된 시선으로 바라보게 될 것이다. 교사에게 학부모의 의견을 제시할 때 어떻게 의사를 전달하는 것이 좋은지 민원 제기 방법에도 정제된 표현이 있어야 할 것 같다.

- 학기말 학교생활기록부 작성 영역 중 '행동발달 종합의견'에 담임교사가 다음과 같이 기록하였다. '○○이는 모둠 활동에 관심을 갖고 참여하고 있으나 친구들의 의견을 경청하려는 노력이 요구됨.' 이 문구에 학부모는 우리 아이가 친구들의 의견을 듣지 않는다는 뜻이냐고 항의하며 평소에 아이의 수업 태도에 대해 말씀해 주시지 않고 왜 학생부에 이런 기록을 남기냐며 정정을 요구하였다.

- 교육 선진국인 독일은 교육에 있어 교사의 자율권을 최대한 보장하는 국가 중 하나다. 교권이 확립되어 있고 평가에 대한 시스템이 체계적으로 마련되어 있어 평가와 진로 상담 등에서 교사의 한마디를 신중히 받아들인다. 과정중심평가가 올바르게 실행되기 위해서는 교사의 평가에 대한 전문성 확보와 함께 평가권을 보장하는 노력이 함께 진행되어야 할 것이다. 듣기 좋고 칭찬

일색인 학교생활기록부 작성은 신뢰할 만한 것인지, 그 자료는 누구에게 어떤 도움이 되는 일인지 생각해 볼 일이다. 늦었지만 2023년 11월 교육부가 제시한 「학교 구성원의 권리와 책임에 관한 조례 예시안」에서 보호자가 교원과 학교의 전문적 판단을 존중해야 할 책임을 강조한 것은 학교 현실을 반영한 일이다.

- 어느 학부모는 학부모 공개 수업 참관 후 자녀에게 발표 기회를 주지 않았다며 수업이 종료되자마자 학생들 앞에서 거칠게 항의했다.
  - 학부모 공개 수업일에는 변수가 많다. 교사도 긴장이 되지만 학생들 역시 긴장을 많이 하는 날이다. 평소 발표를 잘하던 학생이 손을 들지 않는 경우도 있고, 장난이 심한 아이가 굉장히 모범적인 모습을 보이기도 하는 등 평소 수업 태도와 약간 차이가 있다. 수업 참관자 입장에서는 보이는 모습이 전부라고 여길 수 있지만 공개 수업의 한계도 분명 존재한다. 궁금한 부분이 있거나 자녀의 수업 태도에 대해 우려되는 면이 있다면 행사가 끝난 다음 날 교사와 상담 날짜를 잡아 이야기를 나누어야 한다. 학생들 앞에서 즉흥적인 민원 제기는 말도 안 된다.

우리는 가끔 아이들이 어른들의 모습을 얼마나 자세히 관찰하고 모방하는지 잊고 지낸다. 교육 주체 중 가장 두려운 존재는 바로 아이들이다. 겉으로 일일이 드러내지 않지만 아이들은 주변 환경을 통해 많은 것을 받아들이며 자기정체감을 형성해 가고 있다. 부모와 교사는 학생의 성장을 돕는 조력자일 뿐 감정의 주체, 결정의 주체는 학생이다. 부모가 아이의 감정을 동일시하거나 예단하는 모습은 자녀에게 성장 저력을 실어 주지 못한다는 걸 깨달아야 한다.

- 대학의 영문과 교수라고 자신을 소개한 한 학생의 아버지는 중학교 영어 기말시험에 출제된 문제가 오류라고 민원을 제기했다. 관리자에게는 교사들의 실력이 이 정도밖에 안 되느냐며 교사를 비방하였다. 영어 교사에게는 오류 문제가 해결될 때까지 매일 전화하겠다고 엄포를 놓았다.
    - 성적에 민감한 우리나라 학생과 학부모의 상황을 잘 드러내고 있는 민원 사례이다. 그러나 이런 민원은 학생이 선생님에게 충분히 문제 제기가 가능한 일이다. 학부모가 민원을 제기하고 교사를 압박하는 일은 교사의 사기만 떨어뜨릴 뿐 도움이 되질 않는다. 교사들은 당연히 문제 출제에 심혈을 기울여야 하지만 교사도 완벽하지 않기에 때로는 오류가 발생할 수 있다. 상황을 합리적으로 해결하기 위해 민원을 제기하는 주체와 방법에 조금 더 신중할 필요가 있다. 우리나라 부모들이 자녀 문제에 개입하는 수준은 지나친 경우가 많다. 아이가 주도권을 갖고 소통하고 결정할 수 있도록 기회를 주어야 한다.

- 담임교사가 수학 수업 시간 중 《수학익힘책》을 교과서 진도에 앞서 먼저 풀지 않도록 학생을 지도했다. 학부모는 아이가 집에 와서 선생님으로부터 모욕을 당했다고 우는데 어떻게 된 일인지 따져 물었다. 교사가 당시 상황과 지도 이유를 설명했지만 학부모는 아이가 담임교사 때문에 트라우마가 생겼으니 정서 학대로 신고하겠다고 협박했다.

– 학생을 지도할 때 일단 학생과 교사 간 신뢰감이 형성되어야 할 것 같다. 교사 입장에서 당연한 제재라고 생각했는데 학부모 표현대로라면 학생이 모욕으로 받아들였다니 교실에서 어떻게 학생 지도가 가능하겠는가? 교사의 의도와 학생의 반응이 너무 빗나가 버렸다. 왜 진도에 맞추어 푸는 것이 좋은지, 선생님이 걱정되는 바가 무엇인지 학생이 이해할 수 있게 여유를 갖고 설명해 주었으면 나았을까? 이런 학교 현실이니 교사는 학습지도에도, 생활지도도 특별한 열정을 발휘할 엄두를 못 낸다. 그저 아무 일이 일어나지 않는 하루하루이길 바랄 뿐이다.

4. 학교폭력, 아동학대 사안에 관한 사례

- A 학생이 같은 학급 B와 C로부터 지속적으로 왕따와 괴롭힘을 당했다고 학교폭력 사안으로 신고하였다. 사안을 접수한 학교에서 내용을 확인하고 있는데 B와 C 학생의 부모는 본인의 자녀도 피해를 당했는데 왜 학교가 A 학생의 입장만 옹호하느냐며 본인들도 학교폭력 사안으로 접수하겠다고 항의했다.
- – 학교폭력이 접수되면 담당 교사가 사안 파악을 위해 학생을 상담하고 관련 학생의 부모를 만나기도 한다. 이 과정에서 관련 학생의 부모는 감정이 극도로 예민해져 담당 교사를 지치게 만든다. 교사가 사용한 어휘 하나에도 불쾌감을 표현하고 한쪽 편만 든다는 오해를 하기도 한다. 객관적 입장을 견지하여 사안을 파악하려 애쓸 뿐 교사가 법정 조사관 역할을 할 수는 없다. 교사는 학생

들의 잘못된 행동을 바로잡고 수정하도록 돕는 교육자이다. 각자의 자리에서 성찰을 유도하고 다시 함께 일어서도록 학생들을 도와야 한다. 교사의 회복적 생활교육이 중요한 이유다.

- 학교에서 한 학생을 둘러싸고 집단 학교폭력이 벌어졌고 가해 학생 부모와 대면 상담을 진행했다. 가해 학생 아버지가 상담 중 겨우 이런 일로 바쁜 학부모를 학교로 불렀느냐며 교사에게 소리를 치고 멱살을 잡았다.
  - 학부모 대면 상담실에 CCTV와 녹음 장치가 설치되어야 한다는 의견이 왜 나오는지 이해가 된다. 일단 교사에게 폭언과 폭행을 하는 경우는 반드시 처벌받아야 한다. 학교에서 벌이는 비상식적 행동을 더 이상 묵인해선 안 된다. 또, 본인 자녀가 하는 행동은 별것 아니고 내 자녀가 당하면 담임교사가 지도를 잘못해서 벌어진 일이 되는 요즘 부모들의 자녀 편들기를 보면 자녀를 바르게 키우겠다는 의지가 있는지 의심스럽다.
  그리고 학생의 인권이 존중받아야 마땅한 것처럼 교사의 인권 역시 중요하다. 여지껏 학교는 학생을 생각해서 학부모의 비상식적인 언행과 수모를 참아 냈지만 이런 일을 묵인하면 할수록 학교는 황폐화될 뿐이다.

- 학생 간 심한 욕설이 담긴 문자를 서로 주고받으며 다툰 사실을 담임교사가 알게 되었다. 담임교사는 학교폭력 예방을 위해 해당 학생들과 대화의 시간을 가졌다. 그 과정에서 욕설이 담긴 문자 내용은 지우도록 지도하고 각자 성찰과 화해를 유도하였다. 학부모에게

는 지도 내용을 전달하며 가정에서도 휴대전화 사용에 대한 지도가 필요함을 안내했다. 그런데 해당 학부모는 본인의 자녀가 더 심한 욕설을 들은 것 같은데 왜 상대방에게 사과를 시켰느냐며 항의하였다. 또, 학교폭력을 은폐하기 위해 문자를 지우도록 한 것 아니냐며 교사를 교육청에 신고했다.

– 학생 간 다툼을 중재하고 성찰과 화해를 이끌어 내는 것이 교육의 역할이다. 교사가 수사관 역할을 하며 시시비비를 가리는 것이 목적이 아니다. 요즘은 학생들의 생활지도 시 담임의 중재와 화해 과정을 이끌어 가는 것이 보통 힘든 일이 아니다. 누가 더 많이 잘못했고 덜 했는지를 따지기보다 왜 서로에게 상처 주는 말을 하는지 학생 간 관계를 살펴보고, 각자 어떤 점을 보완하면 평화로운 관계 회복이 될지 배우게 해야 한다.

학교는 학습의 장이다. 다양한 갈등과 실패를 몸으로 겪으며 타인과 조화롭게 살아가는 기술을 터득하는 배움의 장이다. 어른들의 과도한 개입은 아이들을 점점 무기력하게 만들 뿐이다. 학교폭력 신고 사안이 심각한 수위가 아니라면 학생들의 평화적 관계 회복을 돕기 위해 교사의 중재 조정권을 인정하고 이를 적극 보장해야 한다.

- 4명의 학생들이 이상한 행동을 요구하는 미션 쪽지를 A 학생에게 주고 A 학생이 미션 행위를 하도록 시켰다. '다른 친구에게 가서 인사하기' 부터 '친구의 머리카락을 가위로 자르기' 에 이르기까지 장난의 수위가 높은 행동을 요구했다. 담임교사는 학생들을 상담했고 이런 행동은 학교폭력에 해당될 수 있는 일이니 해서는 안 된다고

지도했다. 그런데 장난에 가담한 4명 중 한 학생이 집으로 돌아가서 선생님이 자기를 학교폭력으로 고소한다고 말했다며 울먹였다. 해당 학생의 부모는 다음 날 찾아와 자녀의 행위가 잘못되었다는 것을 시인하고 사과했는데, 그다음 날 4명의 학부모가 담임교사를 아동학대로 신고했다. 담임교사가 아이들을 상담하는 과정에서 학생의 옷을 잡고 끌었다며 정서 학대로 신고한 것이다.

- 교사가 사전에 학교폭력 사안을 예방하고자 했던 상담 활동과 지도가 이렇게 비화되어 버리니 난감한 일이다. 사람들은 가끔 본인 행동의 정당성을 위해 자신도 기만하고 다른 사람을 속이는 일도 서슴지 않는 것 같다. 이런 일이 반복되니 교사들은 아예 학생 지도에서 손을 떼는 게 낫다고 판단하게 된다. 적어도 억울한 일은 당하지 않아야겠다는 생각에.

아동학대로 신고당한 교사의 기소율은 1.6%지만 아동학대 신고로 고초를 겪었으나 무고로 드러난 교사는 98.4%에 이르는 현실을 들여다보면 교사들이 왜 「아동복지법」 개정을 외치는지 그 이유를 잘 알 수 있다.

- 최근 부쩍 말수가 줄고 힘이 없어 보이는 한 학생을 상담하다 담임교사는 학생이 아버지로부터 심한 가정폭력을 당하고 있다는 사실을 인지했다. 아버지가 술을 드시는 날은 폭행이 더 심해져 엄마와 동생까지 구타당한다는 말을 듣고 학교에서는 아동학대 의심 사례로 경찰에 신고했다. 며칠 뒤 아버지는 관련 기관의 조사를 받았고 얼마 뒤 학교 관리자를 찾아와 남의 집안일에 개입한다며 폭언을 쏟아 냈다.

- 교사는 아동학대 의심 사례를 발견하면 즉시 신고할 의무가 있다. 학생을 보호하는 책무를 가진 자로서 마땅한 일이다. 아이의 마음도 얼마나 수치스러웠을까? 견디다 못해 선생님의 물음에 사실을 털어놓을 수밖에 없었을 텐데 정말 마음 아픈 일이다.

  보건복지부에서 발간하는 아동학대 통계 자료를 살펴보면 최근 5년간 있었던 아동학대 행위자 유형은 80.2%가 부모이다. 자녀에게 폭력을 행사한 부모는 내 아이인데 마음대로 못 하냐고 항변할 일이 아니라 자녀에게 행하는 폭력을 당장 멈추어야 한다. 자녀를 가장 아끼고 사랑해 주어야 할 부모로부터 이런 상처를 받는 아이가 앞으로 인생을 어떻게 살아갈 수 있을지 안타깝다. 국가는 폭력에 무방비 상태로 노출되는 학생들이 없도록 충분히 살피고, 그들이 반복적인 고통을 당하지 않도록 구제해야 한다.

- A 교사는 수업 중 휴대전화가 울려 학생에게 주의를 주었다. 며칠 뒤 수업 중 같은 학생의 휴대전화가 또 울려 학급에서 정한 규칙을 적용하여 학생에게 생활지도를 했다. 수업 시간에 휴대전화가 울리면 다음 날 휴대전화를 가져오지 못하도록 지도한 것이다. 그날 오후 학부모로부터 자녀의 생활지도에 대해 항의 문자가 왔다. 그리고 학부모는 다음 날 학교 관리자를 찾아가 전날 자녀에게 생활지도한 내용이 고스란히 녹음된 사실을 알리며 정서적 아동학대를 당했다고 말했다. 다시는 이런 일 없도록 해 달라, 그렇지 않으면 신고하겠다는 요지의 학부모 요청에 학교장은 '자신이 할 수 있는 일은 없다. 알아서 하라.' 며 학부모를 그냥 돌려보냈고 학부모는 그날 바로 아동학대 혐의로 교사를 신고한 사실을 학교에 통보했다.

- 교사가 학생들의 생활지도를 제대로 할 수 없는 이유가 바로 이런 상황 때문이다. 교사의 손과 발을 다 묶어 둔 채 교육을 제대로 하라는 말도 안 되는 현실을 보여 주고 있다. 사건이 불거진 뒤 학교장은 "아이를 안 키워 봐서 그렇다."라며 아동학대 신고를 당한 책임이 저경력 교사에게 있다는 듯이 책망했다고 한다. A 교사는 학교장이 학부모와 면담 자리라도 만들어 줬으면 학부모의 의견을 듣고 교사의 의견도 충분히 이야기할 수 있었을 텐데 신고하겠다는 학부모를 알아서 하라는 식으로 그냥 보내 버린 것이 너무 속상하다고 했다. 교사는 어떤 설명도 할 수 없었고, 아무런 기회조차 없이 어느 날 아동학대범으로 전락해 버렸다.

   교사는 병원에서 불안과 공황장애라는 진단을 받았고, 이는 안면 신경마비와 편측마비라는 육체적 질병으로 이어졌다. 극심한 스트레스로 인해 어렵게 임신한 아이마저 유산이 되었다. 교사로서의 삶은 정지되었고 그의 악몽은 여전히 현재진행형이라니 안타까울 뿐이다.

• 학부모 A씨는 자녀에게 담임교사의 수업 내용을 몰래 녹음하게 한 뒤 반 학부모 모임에서 이를 공개했다. 학부모 A씨는 모임에서 담임교사를 '성격 파탄자'라고 언급했고 교사의 아동학대를 주장하며 학교 측에 담임교사의 직위해제를 요구했다.

   - 이 사례는 해당 학부모에게 「통신비밀보호법」 위반과 명예훼손죄를 물어 마땅한 사례다. 교육지원청이 존재하는 이유는 일선 교육공동체의 교육활동을 지원하고 보호하는 일이다. 교육공동체의 교육활동이 침해된 사안에 대해 엄격하게 대처하는 사례가

증가한다면 위의 사례처럼 행동하는 부모들이 조금은 줄어들지 않을까 생각한다.

학부모는 어떤 대처가 자녀를 바르게 성장하도록 도울 수 있는 방법인지 잘 생각해야 한다. 교사를 믿지 못하는 학교에서 어떻게 자녀를 올곧게 성장시킬 수 있겠는가? 자녀에게 선생님의 수업을 몰래 녹음하도록 지시한 일부터 이미 올바른 자녀 교육 방법과는 거리가 멀다 할 것이다.

5. 욕설, 협박, 비상식적 언행에 관한 사례

- 교사의 신상에 관한 정보를 두고 비난하는 언행(결혼을 안 해서, 아이를 낳아 보지 않아서, 외모에 관해서, 화장과 액세서리 지적)을 서슴지 않는다.
  - 부모가 교사에 대해 갖고 있는 편견이 자녀에게 고스란히 전해지는 법이다. 이탈리아의 요한 보스코 성인(San Giovanni Bosco)은 '교육은 마음의 일'이라고 했다. 상호 신뢰감, 존중이 없는 상황에서의 교육은 공허하다. 부모가 자녀를 위해서라도 교사의 긍정적인 면을 강조하며 존중한다면 자녀 역시 학교에서 교사의 가르침을 잘 따르고 훌륭하게 성장한다.

- 늦은 밤이나 새벽을 가리지 않고 문자 폭탄과 전화를 한다.
  - 학부모와 교사 관계를 떠나 기본적인 예의가 없는 행위다. 학생 신변에 시급을 다투는 문제가 아니라면 밤늦은 시각이나 새벽에 전화와 문자를 하는 것은 사회생활을 하는 사람들 사이에서도 있

을 수 없는 일이다. 거기다 마음에 들지 않는 반응일 경우 고성을 지른다는 것은 이미 대화로 문제를 해결하려는 의지가 없다는 뜻이다. 교사들이 개인 번호를 공개하지 않으려는 이유 역시 이런 무례한 학부모 때문이다.

- "엄마들이 뒤에서 선생님 흉보는 거 아세요?" 엄마들끼리 얘기해서 교원평가 최하점을 주기로 했다며 똑바로 하라고 소리쳤다.
  - 교원평가의 의미는 대체 무엇일까? 마음에 안 드는 교사를 버리고 화풀이할 수 있는 도구란 말인가? 교원평가에 대해 냉소적인 시선이 많은 이유 역시 제도를 건강하게 활용하지 못하는 현실 탓이다.

- 학부모가 교사의 눈빛이 무서워서 아이가 학교에 가기 싫어한다며 자신의 아이에게 무섭게 하지 말라고 말했다.
  - 어떤 교사도 완벽한 사람은 없다. 아이가 학교에 가기 싫어한다면 분명 부적응 문제와 관련한 배경이 있기 마련이다. 교사와 협력하여 아이의 부적응 원인을 찾고 도울 생각은 하지 않고 교사 탓을 한다니 문제가 해결될 리 없다. 학부모의 태도에 따라 학생의 문제는 더 심각해지기도, 개선되기도 하는 현장의 사례를 보면 교사와 학부모가 얼마나 긴밀히 협력해야 하는지 느낀다.

- 학생이 수업 시간에 교사에게 욕한 사실을 학부모에게 전달하자 "선생님이 평소에 우리 아이를 차별해서 애가 욕하게 만든 거 아닌가요?"라고 오히려 교사에게 공개 사과를 요구하였다.

- 해외 교육 선진국은 학교 규칙이 엄격하여 학생의 행위가 교칙에 반하면 제재받는 것을 당연하게 여긴다. 자신의 권리가 소중한 만큼 타인의 권리도 소중히 여길 줄 아는 태도를 가르쳐야 한다. 부모가 교사에게 항의하면 잘못에 대한 학생의 책임이 소거된다면 학생은 문제가 생길 때마다 타인을 탓하거나 부모의 뒤에 숨어 모든 문제를 회피하는 사람으로 자랄 수밖에 없다. 자녀를 어떻게 키울 것인가 먼저 진지하게 고민해야 한다.

- 결석 후 가정체험학습으로 출석을 인정해 달라고 요구했다.
  - 이런 것을 요구하는 학부모와 자녀의 입시 비리를 저지른 학부모는 잘못의 경중이 다르다고 할 수 있을까? 이기심에 기인한 규범 파괴의 본질은 같다고 생각한다. 자녀의 이익을 위해서라면 규범도 타인에 대한 배려도 없는 일부 학부모의 지나친 이기심이 교육 현장을 황폐화시키고 있음을 보아야 한다.

- 우리 아이의 지각을 믿을 수 없으니 학교 CCTV를 보여 달라고 민원을 제기하였다.
  - 가정에서 생각하는 자녀와 담임교사가 파악하는 학생의 모습이 반드시 일치하진 않는다. 특히 중고등학생의 경우 사춘기를 지나며 부모를 속이는 일도 생기고, 부모와 충분히 대화하지 못해 발생하는 문제들이 많다. 이런 문제 역시 학생의 문제 상황에 대한 원인을 깊이 들여다보기 위해 교사와 협력적 관계가 필요하다.

6. 학급운영 간섭에 관한 사례

- 네이버 밴드를 만들어 아이들 사진을 많이 올려 주세요.
- 우리 아이가 단체 사진에서 표정이 좋지 않으니 사진을 내려 주세요.
- A 학생과 우리 아이를 같은 반에 편성해 주세요.
- 우리 아이가 A 학생을 싫어하니 다른 모둠에 배치해 주세요.
- 알림장 내용이 너무 짧아요.
- 우리 아이 발표를 좀 더 많이 시켜 주세요.
- 수학 시험을 어렵게 좀 내세요.
- 방학 숙제 내지 마세요.
- 급식 시간에 먼저 밥 먹게 해 주세요.
- 우리 아이는 바깥 활동 싫어하니 교실에만 있게 하세요.
- 과제 양이 너무 많아요.
- 미술 시간에 특별한 준비물(낙엽, 재활용품 등)을 요구하지 마세요.
- 종례 시간이 너무 길어요. 학원 가야 하니 빨리 보내 주세요.
- 현장체험학습 때 도시락을 준비하지 않고 목적지에서 매식하도록 허락해 주세요.
- 조사 과제 등 불필요한 숙제를 내지 마세요.
- 1인 1역 당번 활동을 자주 바꿔 주세요.

7. 기타 사례

- 결혼식 후 출근한 교사에게 왜 학기초부터 결혼해서 학급을 혼란스

럽게 하느냐고 항의하였다.
- 유치원 때 자녀를 괴롭혔던 아이가 2학년 때 같은 반이 되었다고 방임 혐의로 고소하겠다며 민원을 제기하였다.
- 졸업한 학생이 선생님을 찾아와 버릇없게 한 일이 있어 훈계를 했는데 이에 학부모와 학생이 앙심을 품고 학생이 성추행을 당했다는 허위 신고를 하였다.
- 자녀가 교육감상 추천이 왜 안 되었는지 추천 과정과 회의 자료를 보여 달라고 요구하며 교무실에서 난동을 부렸다.
- '빼빼로 데이' 때 우리 아이만 과자를 받지 못했다며 학교의 지도를 문제 삼고 교사와 교육청에 민원을 제기하였다.
- 가정 형편과 부부 불화, 자녀 교육에 어려움 토로하며 노골적으로 경제적 지원을 요구하였다.
- 수업 중 학부모가 자녀 교실로 찾아와 교육활동 침해 행위(고성, 욕설)를 반복적으로 하였다.
- 학교폭력 관련으로 교사가 학급운영을 잘못해서 가해자가 된 것이라며 아이의 옷에 녹음기를 착용해서 보냈다.
- 수업 활동 중 일어난 사고로 위자료를 청구하였다.
- 담임교사에게 성희롱 발언을 하는 학부모가 있었다.
- 올해는 교사가 임신을 하지 않았으면 좋겠다고 관리자에게 요청하였다.
- 학생 간 다툼 이후 서운함이 많았던 학부모는 모든 것은 교사의 무능함이 원인이라며 교사를 그만두게 하겠다고 폭언하였다.
- 학생이 교사의 가슴을 만지는 성추행에도 '누나 같아서 그랬겠죠. 뭘 그런 걸로…….' 라며 방어적 자세를 보였다.

너무 힘들어요
- 교사 민원 사례

학교는 교실 공간이 분리되어 있기 때문에 동료 교사와 하루 한 번 얼굴을 마주하지 않아도 하루가 바쁘게 지나간다. 이렇게 각자의 공간에서 생활하다 보면 교실 안에서 일어나는 고민을 함께 나누고 도움을 주고받을 수 있는 동료성을 잃을 수도 있다. 독립된 공간 안에서의 생활은 때로 안락함도 주지만 소통의 단절로 이어지기도 한다.

소통이 원활한 동료 교사가 많다는 것은 학교생활 중 어려움을 겪을 때 지원을 받을 수 있다는 장점이 있다. 또한 학교에 머무는 시간이 행복하다. 특히 교사의 어려움을 충분히 공감하고 지원해 주려 노력하는 관리자를 만나는 것은 교사에게 매우 큰 행운이다. 이런 관리자가 있는 곳에서 일하는 교사는 비록 어려움이 닥치더라도 허심탄회하게 소통하고 동료들의 지지와 격려 속에서 헤쳐 나갈 힘을 얻게 될 것이다.

그런데 현재 교사들은 '학교에서 보호받지 못하고 있다.'고 호소한다. 전국교직원노동조합에서 2023년 11월, 1만 4,450명의 교사를 대상으로 실시한 설문조사 결과에 의하면 교사 10명 중 3명꼴로 학부모 민원이 발생해도 아무런 도움을 받지 못한다고 응답했다. 학부모 민원 발생 시 경힘했던 지원에 대해서는 동료 교사들의 지원(65.2%)이라는 응답이 가장 많았고, 어떤 도움도 받지 못했다(28.6%)는 응답이 두 번째로 많았다. 그 외 학교 관리자(21.4%), 교원 단체나 노조(18.2%) 순이었으며, 교육청으로부터 지원받은 경험은 1.8%에 불과했다.

사실 교사들은 학급의 문제를 쉽게 털어놓지 못한다. 학급의 일은 자신의 선에서 온전히 해결해야 한다는 중압감을 느낀다. 교사로서의 무능함을 보이는 것 같은 걱정도 있기에 문제를 드러내 조언을 구하는 일이 쉽지 않다. '어떻게 해결되겠지.' 라는 생각으로 초기 대응을 놓쳐 버리는 경우도 종종 발생한다. 교육청에 교권 담당 변호사가 있더라도 현재의 법률상 크게 해 줄 수 있는 것이 없다. 오롯이 혼자 고독한 싸움을 해 나가는 교사들은 학교나 관리자에게 손을 내밀어도 답은 없다.

관리자 역시 학부모 민원에 교사 민원, 외부 민원까지 하루도 편할 날이 없다. 악성 민원도 힘들지만 교사 민원은 또 다른 차원에서 마음이 힘든 경우가 있다. 함께 고생하면서 이 정도는 서로 참아 주어야 하는 것 아닌가 싶지만 각자의 위치에서 어려움을 호소하는 것은 어쩔 수 없는 일이다. 관리자는 교사를 지원하기 위해 존재하는 자리임을 다시 한 번 되새기며 현안을 살펴보는 침착함을 발휘해야 한다.

교사들의 요구 사항은 어떤 것이 있는지 행정 업무 관련, 시설 관련, 수업과 교육과정 관련, 기타 사례로 나누어 살펴본다.

1. 행정 업무에 관한 사례

- 학교의 민원 창구는 학교장 책임하에 일원화해 주세요.
- 업무 분장이 불공정합니다. 균형 있게 분배해 주세요.
- 희망하지 않는 부장 보직을 맡기지 마세요.
- 학년 배정 시 본교 전입 교사, 저경력 교사에게 불이익을 주지 마세요.
- 보결 배정을 공정한 원칙으로 순환해 주세요.
- 특정 교사와 동 학년 배정을 원하지 않아요.
- 특정 학부모로부터 지속적인 민원에 시달렸으니 해당 학년 배정을 피해 주세요.
- 방학 중 당직은 재택근무가 가능하게 해 주세요.
- 내부 결재로 보고해야 하는 건수를 줄여 주세요.
- 문서 보고 시 결재자 검토 과정에서 직접 수정해 주세요.
- 교문에서 외부인 통제를 철저히 해 주세요.
- 학부모 상담은 필요한 경우 예약제로 실시할 수 있도록 제도화해 주세요.
- 8시간 근무 조건으로 자율 출퇴근제를 실시해 주세요.
- 교원의 사기 진작을 위해 복지 혜택, 문화 체험 기회를 늘려 주세요.
- 교사의 업무 중 행정적인 처리는 행정지원실에서 도와주도록 해 주세요.

2. 시설에 관한 사례

- 교사 휴게 공간을 확보해 주세요.
- 휴게 공간에 필요한 전자제품을 비치해 주세요.
- 벌레 퇴치를 위한 방역을 철저히 해 주세요.
- 교재 연구를 위해 돌봄교실, 방과후 교실 배정 시 배려해 주세요.
- 학부모 상담실을 별도 공간으로 확보해 주세요.
- 학교에 녹음되는 전화기를 설치해 주세요.
- 주차 공간을 넓혀 주세요.
- 노후된 교사 책상과 의자를 교체해 주세요.
- 교사들이 체력 단련을 할 수 있는 기구를 마련해 주세요.
- 학생 상담실을 운영해 주세요.
- 교사 개인의 휴대전화 번호가 노출되지 않도록 안심번호를 설치해 주세요.

3. 수업 장학, 교육과정에 관한 사례

- 연구수업 횟수를 조정해 주세요.
- 수업 지도안 작성을 약식으로 제출하게 해 주세요.
- 학사 일정 편성 시 교사들의 의견을 반영해 주세요.
- 동료장학은 관리자 참관 없이 동료끼리 이루어지도록 배려해 주세요.
- 관리자가 교실 순시하는 것은 부담스럽습니다. 자제해 주세요.

- 교사들의 평가권, 수업권이 보장될 수 있도록 학부모 민원에 강력하게 대응해 주세요.
- 교육과정 편성에 자율성, 창의성이 발휘되도록 지원해 주세요.
- 학교 대외 행사를 줄여 주세요.
- 자율 연수 기회를 확대해 주세요.

4. 기타 사례

- 학생이 교실에서 제어 불가한 소란을 피울 시 학부모가 아이를 데려가도록 조치해 주세요.
- 학부모 민원이 제기될 때 교사 입장에서 경청해 주세요.
- 수업 참여에 어려움이 있는 학생을 관리자가 나서서 도와주세요.
- 복무 관련 상신할 때 개인 사정에 대해 묻지 말아 주세요.
- 수업 중일 때 쪽지나 전화는 삼가해 주세요.
- 회식 때 빠지는 것에 대해 이유를 묻지 말아 주세요.
- 학교 주요 결정 사항에 교사들의 의견이 반영되도록 해 주세요.
- 회의가 너무 많아 교재 연구 시간이 부족해요. 회의 시간을 줄여 주세요.
- 급식의 질을 높여 주세요.

우리 학교에는 왜 없어요?
- 학생 민원 사례

학생 민원이 접수되는 창구는 주로 학생자치회이다. 각 학급의 학생 대표들이 학급의 의견을 전달하기도 하고, 학교 학생회 임원들이 담당 선생님이나 학교 관리자와의 면담을 통해 요구 사항을 말하기도 한다.

학생자치 활동은 학생들의 자율과 참여를 바탕으로 민주시민의 자질을 키워 가는 활동으로서 학교 교육과정 가운데 매우 중요한 역할을 담당하고 있다. 경제협력개발기구(OECD) 교육기술국장인 안드레아스 슐라이허(Andreas Schleicher)는 미래 교육의 방향을 논하며 기존의 탑다운(top down) 방식, 즉 정해진 교육정책이나 교육과정을 학교, 교사, 학생에게 일방적으로 전달하는 방식으로는 미래사회의 요구에 대응할 수 없다며 무엇보다 교사와 학생의 자율성이 중요함을 강조하였다. 자신들이 마주하는 문제를 스스로 고민하고 다루며 해결해 나가는 주체적 시민으로 성장하기 위한 훈련의 장이 학교가 되어야 한다.

학교 입장에서 민원 자체는 그리 반가운 일은 아니다. 그러나 학생자치회의 민원 사항은 접수와 처리 과정에 있어 세심한 관심과 배려가 필요하다. 민원을 비롯한 학생자치회 운영이 교육적으로 활성화된다면 학생들이 사회인이 되었을 때 우리 사회의 민원 제기 방식은 훨씬 합리적이고, 협력과 존중의 모습으로 나아갈 수 있을 것이다. 따라서 학생 민원은 교육의 세 주체 중 가장 존중되어야 할 분야이다. 학생들의 민원 해결 과정을 투명하게 공개하고 교육적인 참여로 이끌어 주어야 한다.

학생들은 교육의 주체로서 학교생활을 돌아보며 더 나은 삶을 위해 자신의 생각이나 요구를 적절히 표현하고, 자신과 공동체의 삶을 스스로 결정하는 존재로 나아가야 할 것이다. 또, 학생 민원이 단순히 학교에 대한 불평불만을 제시하는 것이 아닌 학교 구성원 모두를 아우르는 발전적 의견이 되도록 이끌어 주는 역할 또한 교사의 몫이다.

다음은 학생들이 제기하는 민원 사례이다. 학생들은 주로 시설에 대한 관심이 가장 크며 시험, 수업, 교육과정에 대한 요구 사항도 많다.

1. 시설에 대한 사례

- 축구장 골대를 만들어 주세요.
- 화장실을 좀 더 깨끗하게 청소해 주세요.
- 화장실에 비데를 설치해 주세요.
- 학교에 수영장을 만들어 주세요.
- 놀이터에 재미있는 놀이 시설을 설치해 주세요.
- 전자칠판으로 바꾸어 주세요.
- 사물함을 새것으로 바꾸어 주세요.
- 가방이 너무 무거우니 물건을 두고 다닐 공간을 마련해 주세요.

- 실내 놀이기구를 더 많이 설치해 주세요.
- 건의함을 설치해 주세요.
- 동물 사육장을 만들어 주세요.
- 학교 주변 산책로를 조성해 주세요.
- 운동장에 잔디를 깔아 주세요.
- 얼음 정수기를 설치해 주세요.
- 교내 매점을 확보해 주세요.
- 실내 곳곳에 편안히 쉴 수 있는 공간을 마련해 주세요.
- 화장실에 방향제를 설치해 주세요.
- 점심시간에 최신 가요를 부르며 스트레스를 해소할 수 있는 공간을 마련해 주세요.

2. 수업, 교육과정에 대한 사례

- 교내 대회를 많이 개최해 주세요.
- 체험학습 횟수를 더 늘려 주세요.
- 날씨가 좋을 때 야외 학습을 많이 제공해 주세요.
- 토론 학습과 게임 활용 학습을 더 많이 해 주세요.
- 챗GPT를 활용한 재미있는 수업을 만들어 주세요.
- 쉬는 시간에 보드게임을 할 수 있도록 허락해 주세요.
- 주식에 대해 알고 싶어요. 경제교육 전문가를 초빙해 주세요.
- 놀이와 체험을 통한 학습 기회를 확대해 주세요.
- 학원 숙제 때문에 학교 숙제 할 시간이 부족하니 숙제를 줄여 주

세요.
- 체육 시간을 늘려 주세요.
- 학교 축제 기간에 체험 부스를 늘려 주세요.
- 방과후 학교에 체육 관련 수업을 더 많이 개설해 주세요.
- 시험 문제를 쉽게 출제해 주세요.
- 진로 교육 시간을 늘려 주세요.
- 학기말 시험이 끝나면 생활에 도움이 되는 강의를 많이 개설해 주세요.

3. 기타 사례

- 부모님들이 사교육을 줄이도록 학교에서 학부모 교육을 해 주세요.
- 주말에 학교 운동장을 개방해 주세요.
- 학교에서 생일 파티를 하고 싶어요.
- 등하교 시간, 점심시간에 음악을 틀어 주세요.
- 점심시간을 충분히 확보해 주세요.
- 급식 메뉴를 다양하게 운영해 주세요.
- 점심시간 배식을 각자 자유롭게 할 수 있도록 허락해 주세요.
- 학생자치회 활동에 더 많은 지원을 해 주세요.

학교 관리자 바꾸세요!
- 지역사회 민원 사례

4차 산업혁명 시대에는 교육은 학교 안에서만 이루어지지 않는다. 그렇기에 좋은 교육 환경을 만들기 위해서는 학교와 가정, 지역사회가 연계해 어떻게 아이들을 교육할 것인가에 대해 관심을 가져야 한다. 학교와 지역사회가 긴밀히 협력하여 상생할 수 있는 대안을 모색할 필요가 있다.

지역사회 관점에서 볼 때 학교는 학생, 학부모, 지역 주민 모두에게 가장 큰 관심의 대상이다. 지역사회에서는 학교 공간을 활용하여 생활의 편의를 제공받고자 하는 욕구가 많다. 학교 운동장을 주차장으로 활용할 수 있도록 요구하기도 하고, 학생들이 하교한 후 지역 주민에게 개방하여 평생교육의 공간으로 쓸 수 있도록 요구하기도 한다. 지역 발전을 위해서라도 학교가 제 기능을 다하길 바라는 것이 모두의 마음일 것이다. 가정, 학교, 지역사회는 상호 긴밀한 협력으로 학생과 지역사회 주민이 동시에 주인이 되는 학교를 만들기 위해 노력해야 할 것이다.

다음은 학교를 둘러싸고 있는 지역 주민들의 민원 사례이다. 지역 주민의 목소리까지 더해지면 학교 민원은 사실 잠잠할 날이 없다. 상식적인 의견이라면 그나마 감사한 일이다. 학교에 호소하는 지역 주민의 목소리를 들어 보자.

- 학교 아이들 교통안전 지도 좀 시키세요. 골목 여기저기에서 튀어나와 사고 날 뻔했어요.
- 방송 소리가 너무 커서 시끄러워요. 소리 줄이세요.
- 학교 주변 주행 속도 30km 제한 너무 불편합니다.
- 학교 운동장을 주말에는 개방해 주세요.
- 학교 담벼락에 개똥이 많은데 학교가 치워야 하지 않나요?
- 그 학교 아이가 우리 가게 물건을 훔쳤어요. 교육 똑바로 시켜요.
- 자전거 통학하는 아이들이 지나가는 사람을 치고 다닙니다. 학생들 안전 지도 제대로 좀 하세요.
- 그 학교 졸업생이 우리 애 학교에 와서 학교폭력을 일으키고 학교를 난장판으로 만들어요. 어떻게 교육을 한 겁니까?
- 학생들에게 학교 앞 슈퍼마켓에서 간식 사 먹지 말라고 지도했나요? 우린 어떻게 먹고살라고 그런 지도를 합니까?
- 여긴 ○○학원인데요, 그 학교 방과후 수업 때문에 우리 학원 운영이 안 됩니다. 같이 좀 먹고살아야 하지 않겠습니까?
- 학교가 당신들 땅입니까? 왜 들어가질 못하게 해요?
- 학교 문 당장 열어요. 잠시 주차 좀 한 건데 문을 잠그면 어떻게 합니까?
- 외국에 살고 있는 교포인데 잠시 학교를 좀 다니고 싶어서 연락합니다. 우리 애가 한국 학교 체험할 수 있도록 학교 수업 좀 개방해 주세요.

- 학예 발표회 때 사진 촬영 금지시켰어요? 같이 좀 먹고삽시다.
- 현장체험학습 간다고 버스 예약해 놓고 갑자기 취소하면 어떻게 합니까? 위약금 부담하세요.
- 그 학교 홈페이지 글꼴 우리 회사 겁니다. 사용료 지불하셨어요?
- 그 학교 학생들이 점심시간, 방과 후에 동네에서 담배를 피워요. 학교는 알고 있어요?

학교는 이렇게 질타와 공격을 수시로 받는 곳이다. 교사는 물론이고 관리자 역시 마음 편할 날이 없다. 그래서 '오늘도 무사히!'를 마음으로 외치며 출근길에 오른다.

학부모, 학생, 교사, 지역 주민의 민원 중 가장 마음이 아픈 것은 교사의 민원이 아닌가 싶다. 함께 일하는 동료로부터 이해받지 못한다는 마음이 들면 그렇게 우울할 수가 없다. 골치가 아픈 건 학부모 민원이지만 마음이 아픈 것은 교사들로부터 받는 민원이다.

그러나 교육공동체를 좀 더 발전시키고자 하는 목적의 요구는 당장 실행이 어렵더라도 함께 고민하고 개선해 나가려는 의지가 필요하다. 내가 일하는 곳이 안전하고 건강한 시스템을 갖추고 있을 때 개인의 역량이 발현되는 것은 당연하기 때문이다. 목소리를 내는 이유가 개인의 편리나 이기심에 의한 것이 아니면 학교와 관리자는 적극 도움을 주어야 할 것이다.

(((3장)))

학교 민원, 이런 마음가짐으로

　욕구나 욕망은 어떠한 혜택을 누리고자 하는 감정으로, 자신에게 부족한 것을 채우기 위한 바람이다. 사람은 누구나 욕구가 있으며, 개인은 각자의 욕구를 실현하기 위해 자신이 생각하는 바를 피력할 권리가 있다. 이때 자신의 의도와 욕구를 잘 전달하면서 타인에게 피해를 주지 않는 것은 사회적 관계 속에서 지켜야 하는 기본 원칙이다. 또, 욕구가 상충할 때 대화를 통해 상대방의 관점을 이해하고 수용할 수 있는 지점을 찾아가려는 노력은 매우 중요하다.《관계가 풀리는 태도의 힘》을 쓴 사토 야마토,《모든 것을 이기는 태도의 힘》을 쓴 정신과 전문의 김진세는 문제해결에서 태도가 갖는 힘에 대해 강조한다. 냉정하게 돌아선 세상도 내 편으로 만들어 줄 최고의 덕목으로 태도를 꼽고 있다. 태도는 우리의 생각과 행동, 관계와 상호작용에 영향을 미치는 매우 중요한 요소이기 때문이다. 해결이 까다로워 보이는 문제에서 합리적이고 긍정적인 태도와 마음가짐은 복잡한 사안을 잘 풀어 갈 수 있는 방법이 될 수 있을 것이다.

　타인과 어울려 살아가는 우리는 요구 사항을 제시하는 사람이면서 동시에 요구를 수용하는 입장이 되기도 한다. 이번 장에서는 학교 민원을 제시하는 입장과 민원을 받아들이는 각자의 입장에서 어떤 마음과 태도로 접근하면 대립이 아닌 상생의 길로 나아갈 수 있을지 생각해 보고자 한다.

듣겠습니다

- 민원에 대처하는 교사의 마음가짐

필자의 오래전 경험 하나가 떠오른다. 아마 첫 학교에서 있었던 최초의 민원 사례였던 것 같다. 5학년 담임을 하던 해였는데 한 학기를 마치며 호기롭게 학부모 설문조사를 실시했다. 생활지도나 학습지도에서 담임교사에게 하고 싶은 말을 자유롭게 쓰는 항목을 두었는데 학부모의 필체가 독특해서 금방 알아보았다.

"아이가 선생님과 수업하는 것을 좋아하고 열정적으로 지도해 주셔서 감사하게 생각하고 있습니다. 선생님께 조심스럽게 한 가지 제안을 드리고 싶어 말씀 드려요. 과학 수업을 실험실에서 한 날은 아이가 수업 내용에서 신기한 것, 새로 알게 된 것들을 집에 와서 설명해 주기도 해요. 그런데 실험 과정이나 수업의 핵심 내용을 노트 필기하며 아이가 학습 내용을 자기 것으로 할 수 있는 지도를 해 주시면 어떨까 합니다."

오래된 일이라 정확한 복기는 아니지만 핵심 메시지는 기억하고 있다. 왜냐하면 학부모로부터 받았던 첫 민원이었고, 그 당시 필자에게 꽤 충격적인 사건이었기 때문이다. 한 학기를 마치며 학부모 설문을 실시한 것은 더 나은 학급운영을 위한 제안을 받아들이고 스스로 한 학기를 돌아보며 발전적인 아이디어를 창출하겠다는 의지였다. 그런데 막상 학부모가 필자가 미처 생각하지 못한 부분을 언급하자 자존심이 상하고 부끄럽기도 했다. 모든 의견 하나하나를 학급운영에 참고해 보겠다는 생각으로 실시한 설문조사였지만 교사의 학습지도 방법을 지적한 학부모의 의견에 솔직히 많이 당황스러웠다. 학부모의 어조는 예의바르고 단정했지만 예상하지 못한 지적이었다. 듣기 좋은 말만 듣겠다는 것은 아니었는데 어린 마음에 서운하기도 했고, 학부모들이 생각보다 꼼꼼하게 학급운영을 들여다보고 있다는 사실에 놀라기도 했다.

요즘은 교사 커뮤니티가 다양하고 교수법에 관한 자료가 넘치도록 공유되고 있지만 30년 전에는 교과 지도서를 보며 혼자 고민하고 필요한 교구를 직접 만들어야 했다. 초임 시절 아이들이 재미있어 할 만한 학습 자료와 활동 거리들을 준비하는 일은 참 즐거웠다. 지금 생각해 보면 겁도 없었다. 대중교통을 이용한 주말 야외 활동을 한 달에도 여러 번 계획했으니 안전 대책은 제대로 했는지 모르겠다.

그 시절은 열심히 하는 교사에게 무한 신뢰를 보내던 때였다. 주말 야외 활동을 데려간 학생이 장난치다 다리가 부러졌다. 요즘 같으면 교사의 선의가 무엇이었든지 악성 민원으로 갈 소지가 다분한 사건이었다. 하지만 학부모는 민원은커녕 심려 끼쳐 죄송하다는 편지와 멸치 한 포를 건네며 필자에게 사과를 했다. 그 학부모가 수업이 끝나면 아이를 업고 가던 모습이 지금도 눈에 선하다.

그 학부모 마음속에 교사에 대한 원망과 서운함이 왜 없었겠는가. 하지만 주말인데도 아이들과 수고를 많이 하셨는데 걱정 끼쳐 죄송하다고 몇 번이나 인사를 하셨다. 30년이 지난 일인데 학생 이름과 학부모의 모습까지 선명한 것을 보면 필자 역시 상당히 마음 아프고 속이 상한 일이 었던 것 같다.

다시 초임 시절 민원 이야기로 돌아가 보자. 필자는 노트 필기에 대한 학부모의 민원 이후 생활지도와 학습지도에서 노트 활용의 필요성을 한 번 더 생각하게 되었다. 고학년은 말할 것도 없고 1학년을 지도할 때도 국어, 수학, 통합교과, 자율 공책은 기본으로 갖추게 한다. 사실 배움의 과정은 초등 1학년 학생이나 박사학위를 준비하는 사람이나 똑같다고 생각한다. 기존의 지식을 내 것으로 만들고, 비판적 사고력을 키우며 새로운 세계를 알아 가는 공부 방법은 고대부터 오늘날에 이르기까지 적용 가능한 기본에 충실한 학습법이다. 텍스트를 읽고, 핵심 내용을 추출하고, 논의할 점을 찾아보고, 더 알아볼 점과 궁금한 점을 메모하여 해결해 나가는 것이다. 이 학습 과정에서 꼭 필요한 도구가 바로 노트다. 핵심 주제를 뽑고, 관련 자료를 찾아 덧붙이고, 내 생각을 이어 가기 위해 노트는 꼭 필요한 도구다.

필자의 초임 시절 학부모 이야기를 회고하는 이유는 학부모 민원에 대처하는 교사의 자세와 마음가짐에 대해 생각해 보기 위해서다. 민원이란 분명 불편한 문제 제기이나 때에 따라서는 나를 좀 더 성장시키는 동력이 되기도 한다. 단, 학생의 교육에 도움이 되는 건설적인 민원 제기가 되어야 하고, 합당한 절차를 거쳐 신뢰를 바탕으로 소통하는 과정이 전제되어야 한다. 여기서 논의하는 것은 악성 민원을 제외한 일반적인 민원에 대한 것으로 한정하기로 한다.

1. 학부모 민원, 역지사지(易地思之)하기

　학부모 민원을 받게 될 때 대부분의 교사는 '이런 것을 지금, 왜, 나에게 얘기하는 거지?' 라는 부정적인 감정이 먼저 올라온다. 무례하다는 생각도 들고 학급운영에 간섭한다는 거부감에 마음이 무거워진다.
　그런데 민원 사항을 마주할 때 최대한 스트레스를 적게 받고 지혜롭게 대처하기 위해서는 상대방의 입장에서 한번 생각해 보면 좋겠다. 역지사지하는 태도는 문제를 합리적으로 풀어 가는 데 큰 도움이 되는 자세라고 생각한다.
　예를 들어, "하교 시간이 늦어 학원 수업에 지각하게 됩니다. 우리 아이는 수업 종료와 동시에 하교시켜 주세요."라는 학부모 민원을 받았다고 가정해 보자. 민원 내용을 듣는 순간 내 수업은 존중받지 못하고 있다는 생각과 학교생활에 우선순위를 두지 않는 학부모라는 생각이 들어 씁쓸한 것이 사실이다.
　그런데 잠시 학생의 입장을 보자. 학부모와 학생에게 학교생활보다 학원 수업이 더 절박한 이유가 무엇일지 생각해 본다. 진학·진로와 관련된 일인지, 학교 수업이 충족되지 않아 보충 수업이 필요한 경우인지, 학부모가 자녀를 돌보기 어려워 학원 순례를 하는 경우인지 살펴본다. 최초에 느낀 교사의 감정 자체가 불식되긴 어렵지만 다른 사람의 입장을 객관적으로 살펴보는 동안 적어도 감정의 왜곡 상태는 피할 수 있다. 학부모의 민원 내용을 최대한 객관화하게 되고, 학생 가정에 나름의 사정이 있을 수 있다는 생각의 여유를 갖고 바라볼 수 있다. '담임을 뭘로 보고……. 학원 수업은 중요하고 학교 일정은 중요하지 않다는 뜻인가?' 와 같은 감정을 끌어올려 교사 자신의 피로도를 높일 필요가 없다.

한편 담임교사 한 사람이 학생의 인성, 학습력, 진로 지도까지 모두 짊어질 일은 아니라는 점도 냉정히 받아들일 필요가 있다. 부모도 나름의 사정과 교육 방침이 있어 어렵게 부탁한 것일 테니 존중할 필요가 있겠다고 긍정하는 태도가 교사의 스트레스 지수를 낮출 수 있다.

다만 한두 학생의 민원으로 학급운영의 틀이 흔들리고 학급 분위기가 흐려지지 않도록 학급운영에 아이디어는 필요하다. 수업 종료 후 짧은 종례 시간이지만 이 시간을 수업 시간 이상으로 의미 있는 교육활동이 되도록 꾸려 본다. 하루 동안 건강하게, 행복하게 생활할 수 있었음을 서로에게 감사하며 마무리하는 시간은 평화로운 학급운영에도 도움이 될 수 있다. 하루를 마무리하는 5분 프로그램에 재미 요소를 넣어 운영한다면 더 좋다. 수업뿐만 아니라 '마침 시간' 도 중요한 일정이라는 인식을 준다면 수업이 끝나자마자 학원 간다는 학생들이 줄어들지도 모른다. 학교 수업 시간 외에도 아침 조례, 오후 종례, 점심시간, 쉬는 시간 모두 학생을 의미 있는 성장으로 이끄는 귀한 경험의 순간임을 학생도 학부모도 인식할 수 있도록 도와주자.

2. '그럴 수도 있겠다'라는 마음의 여유로

우리나라는 좁은 땅에서 많은 사람들이 치열하게 경쟁하며 살아가는 나라다. 그러다 보니 느긋하게 기다리거나 타인을 배려하는 여유가 전반적으로 부족한 편이다. 특히 인간은 환경의 지배를 받는 존재이다. 양보와 배려가 일상적인 문화가 되기 위해 사회구조와 환경에 변화가 있어야 할 것 같다.

학부모 역시 배려가 익숙하지 않은 사회 분위기에서 성장한 사람들이기 때문에 '내가 손해를 보아선 안 되겠다, 내 자식이 피해를 입는 건 안 된다.'라는 생각이 팽배해 있다. 부모끼리 또는 아이들끼리 서로 친하게 지내던 사이도 이 논리에 엮이면 판단력이 흐려지고 생각의 여유를 잃는다.

바쁜 출근 시간에 부재중 전화가 와 있고 다음과 같은 문자가 남겨져 있다.

"선생님, 전화를 안 받으셔서 문자 남깁니다. 오늘 학급에서 모둠을 바꾸는 날이라고 들었는데 우리 현정이와 민정이가 같은 모둠이 안 되게 해 주세요. 어제 생일 파티에서도 보니까 민정이는 우리 현정이를 게임에서 소외시키고 무시하는 행동이 많았어요. 현정이도 민정이를 싫어하니까 자리 배정할 때 다른 모둠으로 해 주시면 좋겠습니다."

출근길에 읽는 학부모의 문자가 마음을 무겁게 한다. 교실에서의 모습을 보면 민정이가 주장이 좀 강한 편이긴 하지만 현정이 주변에 다른 친구들도 있고 모둠 활동을 함께 할 수 없을 만큼의 불편한 관계는 아니라고 생각했다. 부모의 과민한 걱정이 있어 보였다. 한 달에 한 번 모둠을 바꾸다 보면 일 년이면 9~10번은 모둠을 교체하게 된다. 모둠을 바꿀 때마다 이렇게 같은 모둠이 되지 않게 해 달라는 요청이 2건 이상만 되어도 학급운영의 균형은 깨진다. 9~10번 교체하는 자리를 매번 그렇게 고려하는 것이 현실적으로 쉬운 일도 아니다.

'이 일이 새벽부터 담임한테 문자할 일이야?'

'주말 생일 파티에 가서 애들끼리 다툰 일도 담임 탓인가?'

황당한 민원 내용일수록 이런 감정은 쑥 올라온다. 하지만 일단 마음을 가라앉히고 '그럴 수도 있겠다.' 모드로 바꾸자.

'현정이 어머니는 딸이 친구로부터 겪을지도 모르는 마음의 상처에 걱정이 큰 모양이네. 걱정될 수 있지. 애 하나 키우다 보면 이런저런 게 다 걱정이 되지. 그럴 수 있지…….'

상대방의 행동에 대해 '어쩜 이럴 수가 있지?' 라는 생각에서 '그럴 수도 있겠다.' 라는 생각의 전환은 불필요한 감정 소모를 대폭 줄여 준다. 민원인의 의사를 완전히 무시하며 경직된 대응을 한다면 관계에서 또 다른 불씨를 야기하게 된다. '비폭력대화법' 을 응용하여 이렇게 답변을 제시해 본다.

어머님께서 현정이 학교생활에 걱정이 많으시군요. – (공감)

이번 모둠 배치는 고려해 보겠지만 – (상황의 수용)

매번 다른 모둠으로 배치하지는 못할 것 같습니다. – (입장의 한계)

제가 학급 생활을 잘 살펴보고 적절한 생활지도를 할 테니 믿고 지켜봐 주시면 어떨까 합니다. – (정중한 부탁)

3. 좋은 선생님은 학생의 기억 속에 남는 것

한 온라인 커뮤니티에 '나는 민원이 아예 없는 완벽한 초등 교사다' 라는 제목의 글이 올라와 화제가 된 적이 있다. '민원이 없어진 완벽한 교사' 의 씁쓸한 이야기를 보자.

- 학생들에게 꾸지람을 많이 했다가 선생님을 무서워한다는 민원을 받았다.

→ 나는 학생들에게 꾸지람을 안 하기 위해 노력하게 되었다.

- 숙제도 많이 내고, 일기도 매일 쓰게 하고, 공부 못하는 학생 있으면 나머지 공부까지 시켰다가 학원 공부에 지장 있다는 민원을 받았다.
  → 나는 일기와 숙제, 나머지 공부를 시키지 않게 되었다.

- 아이들을 칭찬하기 위해 남겨서 간식도 사 주고, 남아서 놀기도 했다가 선생님이 몇몇 학생만 편애한다는 민원을 받았다.
  → 나는 모든 아이를 공정하게 대하기 위해 하교 시간에 모든 아이들을 칼같이 하교시키게 되었다.

- 내 월급으로 반 전체 피자를 돌렸다. 수업 시간에 떡볶이, 화채 빙수, 샌드위치 등 요리 실습도 했는데 식중독 걸리면 어쩔 거냐는 민원을 받았다.
  → 나는 교실에서 그 어떤 간식을 제공하지 않게 되었다.

- 계모에게 학대당하는 아이가 있어서 '매뉴얼' 대로 신고를 했다가 내가 신고했다는 것이 알려지고, 학생 어머니가 학교에 와서 생난리를 쳤다. 심지어 학생 아버지가 안 계신 상황이라 두세 달 동안 학생 동반한 교육을 내가 다니고, 경찰서에도 두 번이나 가서 진술서를 썼다. 그 과정에서 그 어머니랑 계속 연락하는 건 덤이었다.
  → 다시는 아동학대 신고를 하지 않겠다고 다짐했다.

- 학생 어머니가 전화를 해서 학교에 서운하다며 한 시간 동안 뜬구름 같은 소리만 하길래 단도직입적으로 물어보니 화를 내고 전화를 끊었다. 그러더니 바로 교무실로 전화해서 다음 날 학생 아버지와 교장실로 오겠다고 하는 등 난리를 쳤다.
    → 나는 학부모 상담에서 그들이 듣고 싶어 하는 말만 해 주게 되었다. "잘하고 있습니다." "교우 관계 좋습니다." "수업 태도 좋습니다."

- 위 학부모가 나를 아동학대로 고소했다. 고소 사유는 내가 아이를 윽박질렀다고. (이 사건에 대해) 쓰려면 너무 길어져서 못 쓰는데 결과는 다행히 잘 마무리되었다.
    → 나는 아이들에게 절대 목소리를 높이지 않게 되었다.

- 교실에서 맨날 소리 지르고, 다른 애들에게 욕하고, 수업 시간에 밖으로 뛰쳐나가는 아이였다.
    → 나는 수업을 적게 하고 노는 시간을 대폭 늘리게 되었다.

- 금쪽이의 "제가 안 하면 어쩔 건데요?"라는 말을 듣고 크게 깨달았다. 나는 아무것도 강요할 수 없다는 것을.
    → 안 하는 학생에게 뭔가를 시키지 않게 되었다.

교사는 다음과 같은 말을 덧붙였다.
"지금의 나는 아무것도 하지 않습니다. 숙제, 일기, 나머지 공부는 절대로 없습니다. 수업은 항상 빨리 끝내고 쉬는 시간을 많이 줍니다. 학생들이 싫어하면 결코 하지 않습니다. 학부모에게는 듣기 좋은 말만 전합니다. '행동발달 및 종합의견'에는 좋은 말만 적습니다."

누가 열정 많던 선생님을 이런 완벽한(?) 교사로 만들었는가? 민원 제로인 학급운영을 하고 있는 교사에게 관리자는 감사를 표한다고 한다. 교사를 이렇게 바꾸어 놓은 세상에서 인재를 기르는 일만이 자원 없는 대한민국이 살 길이라고 말할 수 있을까? 오늘날 학교 현장의 현실을 적나라하게 반영한 글이다.

아이들과 알콩달콩 재미있게 지내며 소신껏 교육을 펼치던 시절에는 세상의 기준을 빌릴 필요도 없이 우리 스스로가 교육 전문가였다. 학생의 현재 상황을 정확히 진단하여 학부모와 소통하면 학생을 걱정하는 진심이 조금도 왜곡되지 않고 전달되었고, 학부모는 협력적 동반자가 되어 주었다. 하지만 지금은 학교도, 교사도 소신껏 일할 수 있는 분위기가 아니다. '문제 일어나지 않게', 그리고 '눈치껏' 하는 사람이 능력 있는 교사다.

우수한 인재가 모였던 교육대학의 경쟁률이 낮아지고 젊은 교사들이 교단을 떠나는 이유는 오늘날 학교에서 교사의 유능감이 별로 소용이 없기 때문이다. 창의적 아이디어와 열정은 없는 편이 차라리 문제를 덜 유발한다. 참교사가 되겠다고 열정을 바치는 교사가 질책의 대상이 되고, 칭찬 일색으로 모든 걸 내려놓은 교사는 완벽한 교사가 되는 현실이 씁쓸하기만 하다. 나는 선생님들을 이렇게 만든 적 없다고 단언할 사람이 있는가? 나는 우리 선생님들이 초임 시절 가졌던 열정을 간직하며 교단에서 성장하도록 도운 관리자인가? 우리 모두 각자의 자리에서 성찰이 필요하다.

대부분의 학부모는 자녀를 맡긴 교사의 교육철학을 존중하고, 학생의 성장을 위해 함께 협력하는 사람들이다. 문제는 몇몇 학부모의 사례가 악화를 양산하고 있는 형국이다. 악성 민원인의 사례가 언론에 보도되어도 사람들의 가십거리가 될 뿐 그들에게 아무런 불이익도, 어떤 제재도 없다는 것을 민원인은 잘 알고 있다. 그들의 횡포에 학교는 속수무책이라는 것을 알기에 악성 민원인은 점점 증가한다.

사실 보도되는 사례가 특정 학교만의 일은 아니다. 악성 민원인은 작은 일로 서운한 감정이 생기면 학급운영을 트집 잡아 교사를 꾸준히 괴롭힌다. 학교를 혼란스럽게 만들고 교사를 교단에서 끌어내리기 위해 애를 쓴다. 그러다 교사의 행위가 '혐의 없음'으로 결론이 나면 '아니면 말고' 식이다. 민원인이 손해 볼 일은 없다. 교사의 명예만 훼손될 뿐 악성 민원인에게는 아무런 제재가 없으니 제2, 제3의 악성 민원인이 끊임없이 나타난다.

무너지고 상처 입은 교사들에게 그래도 교실은 아이들의 웃음과 온기가 있어 따뜻한 공간이다. '지금 이런 걸 해서 뭘 한다고. 누가 알아준다고······.' 라는 생각도 잠시다. 자신도 모르게 아이들의 발표 내용과 생각에 몰입하며 진지하게 코멘트를 한다. "선생님은 거기까진 생각하지 못했는데 ○○이는 생각을 참 깊이 했구나!" 선생님의 한마디에 아이는 코가 실룩실룩 입꼬리가 한껏 올라간다.

좋은 선생님은 학부모나 관리자의 평가로 결정되지 않는다. 먼 훗날 학생들의 가슴에 잔잔한 추억으로 남아 있는 선생님이다. 좋은 선생님은 어린 시절 스펀지처럼 스며들어 어른이 된 뒤에도 삶에 깊은 영향을 끼치는 사람이다. 자신도 모르게 형성된 습관의 많은 부분이 학창 시절 만났던 좋은 선생님의 영향이라는 것을 어른이 된 아이는 알고 있다. 선생님을 생각하면 그 시절의 친구들과 교실이 또렷하게 기억나고 입가에 절로 미소가 퍼진다. 이처럼 좋은 선생님은 학생의 가슴에 남아 지속적으로 선한 영향력을 주는 사람이다.

필자도 지금 하고 있는 일들을 보면 중학교 1학년 때 담임선생님의 영향이 내 삶에 깊이 들어와 있음을 깨닫는다. 조용한 성격이었지만 열정이 대단하셨던 분이다. 국어 선생님이었는데 학교 대회가 있을 때마다 정성껏 살펴주셨다. 교내 합창 대회 때 학급 친구들의 단합을 이끌어 주셨고, 심지어 교내 민속무용 대회에는 안무 지도까지 하셨다. 지금도 〈베사메 무쵸〉에 맞춰 친구들과 무용을 했던 동선이 떠오른다. 필자는 그 시절 선생님의 행동과 습관 하나하나를 전부 따라 하고 싶었다.

선생님이 16절지 갱지를 반으로 접어 영어 단어를 정리하고 《타임(TIME)》지에 밑줄을 그으며 읽어 가던 모습을 바라보며 선생님이 되어도 저렇게 열심히 공부를 해야 되는 것이란 걸 배웠다. 선생님은 일기를 왜 써야 하는지, 일기를 쓰면 삶이 얼마나 풍요로워지는지 정말 자세하게 얘기해 주셨다. 항상 모든 아이들을 공정하게 대해 주시고 상벌에 대한 기준이 분명하셨던 선생님의 모습 그대로 필자는 학생들을 가르쳤다. 선생님이 가끔 자신이 공부한 내용이나 독서기록장을 보여 주신 것처럼 필자 역시 독서 후 기록하는 것을 힘들어 하는 아이들에게 필자의 독서기록장을 보여 주며 독서 기록이 필요한 이유에 대해 설명해 주었다. 사람은 일기를 쓰는 사람과 쓰지 않는 사람으로 나뉜다는 선생님의 말을 아이들에게도 전하며 일기쓰기는 행복한 일이라고 말해 주었다.

교육이란 사람의 일이라 사람으로부터 가장 큰 감명을 받는다. 사람으로부터 받은 좋은 영향력이 한 사람을 일으켜 세우고 새로운 삶을 살게 한다. 그래서 우리 사회는 좋은 선생님들이 더 많아져야 하고, 선생님들이 힘을 잃으면 우리나라의 미래는 없다고 감히 단언한다.

토드 휘태커(Todd Whitaker)는 《훌륭한 교사는 무엇이 다른가》에서 훌륭한 교사에 대해 다음과 같이 말하고 있다. 흐트러질 때마다 한 번씩 들여다본다.

훌륭한 교사와 평범한 교사의 차이

훌륭한 교사	평범한 교사
• 문제의 해법을 사람에게서 찾는다. • 희망에 초점을 맞춘다. • 문제 발생 시 예방에 집중한다. • 충분히 생각하고 의미를 담아 말한다. • 학생에게 높은 기대치를, 자신에겐 더 높은 기대치를 가진다. • 교실 안의 최대 변수는 교사임을 알고 있다. • 학생이 받을 영향을 생각한다. • 모두를 존경으로 대한다. • 긍정적인 태도를 공유하려 애쓴다. • 관계 개선에 힘쓰며 먼저 사과할 줄 안다. • 사소한 소란은 무시할 줄 안다. • 매사에 계획과 목적을 갖고 행동한다. • 우수한 학생을 항상 염두에 둔다. • 노력하는 사람을 불편하게 만들 결정은 피한다. • 학생의 눈으로 자신을 돌아본다. • 학력평가를 총체적인 관점에서 바라본다. • 변화를 이루는 감정의 힘을 안다.	• 문제의 해법을 프로그램에서 찾는다. • 규칙에 초점을 맞춘다. • 문제 발생 시 처벌에 집중한다. • 아무 말이나 쉽게 내뱉는다. • 학생에겐 높은 기대치를 갖지만 스스로에겐 별반 기대를 갖지 않는다. • 학생, 학부모, 사회 환경을 변수라 생각한다. • 자신이 받을 영향을 생각한다. • 특정 대상만을 존경으로 대한다. • 불평불만을 생각 없이 퍼뜨린다. • 날카로운 지적, 꼼짝 못할 반박을 일삼는다. • 사소한 소란에 말려 전쟁을 선포한다. • 주사위 구르는 대로 하루하루를 보낸다. • 항상 중간층 아이 위주로 생각한다. • 노력하는 사람까지 불편하게 만들 결정을 내린다. • 자신이 어떻게 비치는지 잘 모른다. • 학력평가 자체에 집착한다. • 말만으로 동기를 유발하려 한다.

필자는 토드 휘태커의 제언을 학부모 민원을 대하는 교사의 자세로 견주어 이해해 보았다. 학부모 상담실에 녹음 설비와 CCTV를 설치하는 것, 민원 절차를 안내하는 것, 민원 대응팀을 구성하는 것 등 시스템이 전무했던 교육 현장에 이런 제도를 갖추는 것은 시대의 요구이다. 그러나 시스템이 있다는 것은 대응에 도움은 되지만 모든 문제를 해결해 주지는 못한다. 문제의 해법은 사람이 갖고 있다.

문제 행동을 하는 학생도, 악성 민원을 제기하는 학부모도, 교사도, 관리자도, 교육청도 각자 자신의 책무에 진정성을 발휘하지 않는다면 시스템은 그저 갖춰진 하나의 제도에 불과하다. 교육청과 학교는 교사가 교실에서 소신껏 교육할 수 있도록 교사를 지원해야 한다. 학부모는 내 아이를 가르치는 교사를 존중하고 학부모로서의 책무를 소홀히 하지 않겠다는 교육 동반자로서의 태도를 견지해야 한다. 이렇듯 교육공동체 각자의 노력이 없다면 새로운 규정과 시스템이 보완되더라도 또 다른 문제가 나타나게 될 것이다.

토드 휘태커의 "사소한 소란은 무시할 수 있어야 한다."라는 말에도 필자는 동의한다. 한 명의 민원인으로 인해 교사의 교육철학이 위축되는 것을 허용하지 않아야 한다. '그럴 수 있지.'라고 느긋하게 넘기며 대다수의 좋은 학부모와 아무 잘못 없는 학생들이 불안정한 학급 분위기에 휘둘리지 않게 지켜 주어야 한다.

토드 휘태커는 훌륭한 교사는 학생의 눈으로 자신을 돌아볼 수 있어야 한다고 강조했다. 학부모의 시선, 관리자의 시선보다 우선하는 것은 학생의 시선이다. 그들이 훗날 나를 어떻게 기억할 것인가를 '두려워' 할 수 있다면, 학생의 시선으로 자신을 성찰할 수 있다면 크고 작은 학부모 민원에 조금은 더 담대하게 대응할 수 있을 것이다.

4. 한계를 인정하기

교육대학 또는 사범대학을 졸업한 후 임용고시를 통과하고 드디어 교단에 서는 교사들은 학창 시절 대부분 모범생이었다. 성실함이 몸에 배인 사람들로 칭찬과 인정을 많이 받으며 자랐고, 큰 실패 없이 교직에 입문하는 경우가 많다. 그러나 초임이나 저경력 교사에게 닥치는 교직의 현실은 녹록하지 않다. 누군가로부터 질타를 받거나 큰 저항을 받은 경험이 없는 초임 교사에게 학부모의 민원은 참 곤혹스러운 일이다.

진심을 다해 열심히 하면 아이들과 행복하게 지낼 수 있으리라 믿었지만 젊은 교사는 학부모 민원의 타깃이 된다. 학창 시절에는 야무지고 공부를 잘했지만 학교 현장에서의 지도 경험은 아직 부족하기에 민원인을 만나면 원만한 의사소통에 어려움을 겪는다. 다행히 좋은 선배나 관리자를 만나면 도움 되는 조언을 듣고 위로도 얻을 수 있지만 그런 상황도 쉽지는 않다.

자신에게 어떤 문제가 있어서 이런 일이 생긴 것은 아닌지 고민하며 가슴앓이를 많이 하게 된다. 초임 교사든 경력 교사든 학급에서 발생한 어려움을 동료 교사에게 공개하는 일이 말처럼 쉽지 않다. 동료들에게 걱정을 끼치고 싶지 않고 자존심이 허락하지 않는 일이기 때문이다.

그래서 혼자서 처리해 보려고 안간힘을 쓰는 동안 초기 대응도 무너지고 시간이 갈수록 사태가 악화되기도 한다. 학생들에게 좋은 선생님이 되고 싶고, 학부모로부터는 생활지도와 학습지도를 야무지게 잘한다는 평가를 받을 줄 알았는데 몇몇 학부모와의 소통이 어려워지면서 학급 전체가 교사의 권위 부재로 소용돌이친다.

교사가 겪는 어려움에 대해 같은 학교 동료 교사나 관리자에게 이야기하여 도움을 구할 수 있으면 가장 좋겠지만, 그것이 어렵다면 외부 교사 모임에 적극 참여하여 상황을 알리고 도움을 구하는 것도 좋다. 혼자 문제를 끌어안고 고민하는 것은 불안감만 가중시킬 수 있어 좋지 않다.

한 해 동안 가르치는 학생과 학부모, 가끔은 조부모까지 교사와 연결된 많은 사람들이 있다. 이 많은 사람들을 다 만족시키며 학급운영을 한다는 건 불가능한 일이다. 학부모 누군가는 교사의 교육 방식에 불만을 가질 수 있고, 교사의 말과 행동에 불편을 느낄 수도 있다. 교사 역시 평생 성장하는 존재이기에 현재의 모습으로 결코 완벽한 존재가 될 수 없다. 모든 사람을 만족시킬 수 있는 시스템이 없듯 한 사람의 교사가 많은 학생과 학부모를 모두 만족시키는 교육은 생각할 수 없기에 자신의 한계를 인정해야 한다. 할 수 있는 만큼 최선을 다할 뿐이다.

학교에서 몇 시간 만나 가르치는 것으로 학생에게 큰 변화를 기대할 수 없다. 교사의 지도가 학생에게 잘 반영되고, 교사와 학생 간 라포(rapport) 형성이 잘되어 학생의 긍정적인 변화가 예상되더라도 교육의 성과는 한참 지나 드러나는 것이 교육의 메커니즘이다.

다양한 시기에 제각각 피는 꽃이 아름답고 고귀하듯 한 사람, 한 사람의 반응과 이해 수준이 모두 다른 학생들을 기다려 주고 인내해야 마침내 자그마한 변화를 볼 수 있다. 교육자의 교육철학이 굳건하고 훈육 방법이 일관되며 학생들을 진심으로 사랑하는 마음이 있다면, 당장 눈에 띄는 결과가 드러나지 않더라도 언젠가는 긍정적인 변화가 있을 것이라는 믿음으로 교사는 오늘도 묵묵히 학생들 앞에 선다.

이런 교육이 가능하려면 학교 관리자를 포함한 학부모의 협력이 절대적으로 필요하다. 교사를 믿고 지지하겠다는 굳은 의지가 결집될 때 교육 주체는 상생이 가능하며 학생들의 긍정적인 변화를 이끌어 낼 수 있다. 대부분의 교사가 초임 시절 갖는 헌신과 사랑이 흔들리지 않도록 지켜 주기 위해서는 교사 자신을 포함한 모두의 노력이 필요하다. 한 아이를 키우기 위해 온 마을이 필요하다는 말처럼 교사 한 사람을 성장시키는 데는 온 국가의 사회적 합의가 필요하다고 여긴다.

교육계의 노벨상이라고 하는 '글로벌 교사상' 최종 후보 50인에 선정되었던 세사르 보나(Cesar Bona)는 《꿈꾸는 교사, 세사르 보나의 교실 혁명》에서 교사는 가르치는 사람이 아니라 아이들로부터 배우는 사람이라고 말한다. 교사와 학생이 열린 마음으로 성장을 자극할 수 있는 분위기라면 우선 각자의 한계에 대한 인정이 필요할 것이다. 학생도 교사도 실수할 수 있는 사람, 배움의 과정에 있는 사람, 완벽을 추구하는 존재가 아니라 긍정적인 변화를 추구해 가는 존재임을 상호 인정한다면, 그리고 그런 교실을 존중하고 지지하는 무언의 응원이 있다면 좋겠다.

교사가 행정 업무, 학생 생활지도와 학습지도, 학생 상담과 학부모 상담 등의 모든 일에 완벽해지기를 꿈꾸기보다는 부족하지만 교실 구성원 모두가 '좋은 사람'을 향해 나아가도록 연대하는 학교가 되었으면 좋겠다. 우리 모두는 불완전한 존재다. 함께한다는 것은 불완전한 우리가 서로를 보듬어 안고 앞으로 나아갈 용기를 발휘하는 일이다. 한 해 동안 발휘할 수 있는 역량은 한정적이고, 모든 학생을 내 의지로 이끌어 갈 수도 없다. 긍정적인 변화를 위해 노력하는 우리 모두에게 격려의 메시지를 보내자. 마음을 내려놓은 그 공간에 훨씬 큰 평화와 인내가 가능할지 모른다.

선생님, 도와주세요
- 민원을 제기하는 학부모의 마음가짐

악성 민원으로 인해 삶을 포기한 안타까운 교사들의 소식을 접하며 한 맘카페에 흥미로운 글이 올라온 적이 있다. 교사에게 시시콜콜하게 무리한 민원을 넣는 학부모들을 꾸짖으며 자성하자는 내용이었다. 이렇게 학부모끼리 계도하는 분위기가 좋아 보여서 흐뭇했는데 학부모의 글 마무리에 한 방을 맞았다.

'저는 이제껏 학교에 딱 한 번밖에 전화한 적이 없습니다. 문제 학생과 반 편성 떨어뜨려 달라고요.'

학년이 끝날 즈음 이런 종류의 민원이 꼭 발생한다. ○○○ 학생은 본인 자녀와 예전부터 감정이 좋지 않기 때문에 같은 학급으로 배치하지 말라, 또는 ○○○ 교사는 본인 자녀에게 큰 상처를 주었으니 내년에 그 교사가 몇 학년을 맡게 되는지 알려 주시고 담임 배정에 꼭 고려해 달라는 내용을 통보한다.

학부모가 자녀를 걱정하는 마음은 충분히 이해가 되나 이런 민원 역시 상당히 무례한 요구다. 학급 수가 많은 학교라면 공식적인 입장에서는 '약속드릴 수 없다.'고 답변하더라도 혹시 모를 악성 민원이나 교사가 곤란해질 일을 대비하여 내부적으로 수용할 수도 있을 것이다. 그런데 소규모 학교라면 이런 민원 몇 건을 수용하다 보면 결국 학급 구성원의 고른 배정에 난항을 겪게 되고 학급 간 불균형을 초래하게 된다. 민원인의 요구가 대부분 그렇듯 이런 요구 역시 학부모의 이기심이다.

이 장에서는 민원을 제기하는 학부모의 태도와 마음가짐에 대해 이야기해 보려 한다. 민원 제기를 통해 우리 아이가 도움을 받게 되는 것은 물론 학교나 교사도 함께 성장할 수 있다면 발전적인 요구 사항일 수 있다. 사회에서 겪는 모든 일은 타인과의 관계에서 시작된다. 상황에 맞는 태도와 마음가짐은 갈등을 피하면서 수월한 일처리로 마무리되고 좋은 결과를 가져온다. 오만하지 않고, 상대를 존중하며, 품격을 잃지 않는 자세는 중요한 순간에 빛을 발한다. 태도가 경쟁력이라고 말하는 이유다.

1. 한 번 더 생각해 보는 여유를 가진다

학교에서 돌아온 민수가 시무룩하다. 오늘 수업 시간에 짝꿍 남수가 책에 낙서를 했다고, 남수 때문에 짜증 난다고, 학교 가기 싫다고 말한다. 지난번에도 체육 시간 줄을 서는데 남수가 밀쳤다는 이야기를 들어 화가 난 적이 있었는데 또 그랬다니 민수 엄마는 짜증이 난다. '요 녀석이 우리 애를 뭘로 보는 거지? 선생님은 애들이 수업 시간에 장난을 치고 있는데 몰랐을까?' 민수 엄마는 당장 선생님과 통화를 해 봐야겠다고 생각을 한다.

그런데 잠깐 생각해 보자. 특별한 학생이 아니라면 보통 다툼에는 상호작용이 있고 상황의 맥락이 있다. 그런데 아이들이 집에서 이야기할 때는 자기 입장에서 억울한 점만 말하게 된다. 본인은 아무런 행동도 안 했는데 상대방이 와서 낙서를 했고 몸을 밀쳤다고 말한다. 물론 학급 상황이 다양하니 정말 이렇게 공격하는 아이가 있을 수도 있다. 그러나 평범한 교실 상황에서는 대부분 상호작용이 있기 마련이다. 자녀의 이야기만 듣고 부모가 판단을 하면 놓치는 부분이 생긴다.

아이의 억울한 마음은 받아 주되 상황을 충분히 파악할 수 있도록 편하게 대화가 오가야 한다. 부모가 먼저 흥분하여 다그치듯 묻는 행동은 금물이다. 속상했겠다고 아이 편에서 마음을 읽어 주되 상황을 충분히 알아보는 것이 좋다. 이때 아이가 부모의 눈치를 보며 거짓 상황을 이야기하는 일이 없도록 편안한 분위기에서 아이와 대화를 나누어야 한다. 설령 본인의 잘못이 드러나더라도 수용되는 가정 분위기에서 자란 아이는 자기에게 유리한 말만 하며 부모의 눈치를 살피지 않는다.

자녀와 대화를 주고받으며 시간을 확보하면 생각의 여유를 좀 가질 수 있게 된다. 이 일로 당장 선생님에게 긴 문자를 보내는 것보다 나은 방법을 생각해 볼 수 있다. 선생님에게 자녀의 학교생활 전반에 관해 이야기를 듣기 위해 상담을 신청하는 것도 좋겠다. 담임선생님과 나눈 상담으로 아이의 학습 태도나 생활 전반에 긍정적 변화가 생길 수도 있다. 선생님의 진심 어린 조언과 부모의 노력이 함께한다면 학생은 긍정적인 성장을 하기 때문이다.

학부모와 교사의 갈등이 발생하는 것은 대부분 사안의 경중보다 서로의 감정 때문에 상황이 나쁜 쪽으로 치닫게 되는 경우가 많다. 감정의 골이 깊어지지 않고 불필요한 오해를 덜 수 있는 대안은 시선을 맞추며 나누는 진정성 있는 소통이다. 문제가 발생했을 때 전화나 문자보다는 교사와 학부모가 마주 앉아 대화할 수 있는 시간을 마련하는 것이 문제해결에 훨씬 도움이 된다. 같은 반 친구들의 가정으로 여기저기 전화를 하며 자녀의 상황을 파악하려는 노력이나 친구 부모들의 이야기를 참고하는 것은 문제해결과 거리가 멀다. 자녀가 겪은 불편한 상황은 학급의 담임교사에게 직접 듣고 논의하는 것이 현명하다. 따라서 교사에게 문자를 보내거나 전화를 하기 전 다시 한 번 생각해 보는 여유를 갖자.

'지금 이 시간에 꼭 해결해야 할 다급한 일인가?'
'내 아이 입장만 생각한 건 아닐까?'
'이 일에 대한 문제 제기는 정말 중요한 일인가?'

2. 자녀가 직접 해결하도록 돕는다

2023년 12월 통계청이 발표한 〈2022년 신혼부부 통계〉에 따르면 신혼부부의 평균 자녀 수는 0.65명이다. 이는 관련 통계 작성 이래 가장 낮은 수치라고 한다. 인구 절벽은 점점 가까이 다가오고 있는 것 같다. 이처럼 자녀 수가 적은 오늘날 자녀에게 쏟는 부모의 과잉 관심이 오히려 자녀의 건강한 성장에는 방해가 되고 있다. 《따뜻한 방관》의 저자 조지 글래스(George S. Glass)와 데이비드 타바츠키(David Tabatsky)는 21세기의 양육이 이렇게 어려워진 이유를 부모들의 '과잉 양육'에서 찾고 있다. 사랑이라는 이름으로 포장된 부모의 지나친 간섭과 과잉 양육보다는 그냥 내버려두는 것이 더 좋은 양육이라는 저자의 말은 자녀 교육에 모든 것을 거는 부모들이 귀 기울여 볼 조언이다.

'헬리콥터맘', '알파맘' 같은 신조어가 생긴 배경에는 자녀의 성공이 곧 자신의 행복이라고 여기는 부모가 늘고 있기 때문이다. 이들은 자신과 자녀를 지나치게 동일시하여 자녀의 기쁨과 슬픔이 곧 자신의 행복과 불행이라 여긴다. 이들은 모든 정보를 총동원하여 자녀 교육에 적극적으로 나서고, 짧은 시간도 헛되이 보내지 않도록 학습을 위해 모든 환경을 세팅하고 꽉 짜인 스케줄로 자녀를 관리한다. 자녀가 학업 성적이 뛰어나고 실패를 모른 채 승승장구하기를 바라는 부모의 가장 큰 문제는 아이 스스로 문제를 해결할 기회를 주지 않는다는 것이다.

아이들은 학교에서 크고 작은 실패를 경험한다. 특히 또래 간 관계 맺기에서 몸으로 느끼고 배우는 것은 한 인간의 성장 과정에서 엄청난 역할을 한다. 한마디로 진정한 사회성을 체득할 수 있는 곳이 바로 학교다. 아이 스스로 경험하고 깨달으며 변화하고 성장할 기회를 부모가 지켜보지 못하고 자녀의 교우 관계까지 결정하고 관리한다면 아이는 건강한 자아로 성장할 기회를 박탈당하는 것이다.

친구와 있었던 속상한 일을 집에 와서 이야기할 때, 또는 선생님과 있었던 불편한 마음을 털어놓을 때 부모가 "너는 가만히 있어. 엄마 아빠가 해결해 줄게." 모드라면 곤란하다. 아이도 친구와 다툰 장면을 되돌아보며 내일 친구에게 어떤 말을 해야 할지, 속상한 마음을 어떻게 표현할지 고민해야 한다. 자신의 잘못은 없었는지도 돌아볼 수 있어야 타인과 어울려 살아가는 공동체 역량이 성장한다. 자기 고집만 내세우고 자기주장만 하는 친구를 누가 좋아하겠는가? 친구들이 자신에게 거리를 둔다면 그 이유를 스스로 생각할 수 있도록 도와주어야 한다. 부모는 한 걸음 앞서서 자녀의 모든 일을 해결해 주는 든든한 존재가 아니라, 자녀의 반걸음쯤 뒤에서 바라보고 지켜 주는 존재여야 한다.

악성 민원을 제외한 학부모 민원의 대부분은 사실 학생이 선생님에게 도움을 요청해서 해결할 수 있는 것이 대부분이다. 아이가 건강한 자아를 지닌 사람으로 성장하기 위해 필요한 것은 자기 인생을 주도하는 능력과 스스로에 대한 자존감이다. 자신이 불편하다고 느끼는 점, 부당하고 억울하다고 생각되는 점을 표현할 수 있도록 가정에서도 교육해야 한다.

아이가 학교에서 겪은 일을 전해 듣는 부모 입장에서는 어른의 기준으로 사안을 조금 더 확대 해석할 수 있고, 자녀가 호소하는 일에 감정이 이입되어 흥분된 상태에서 교사에게 민원을 제기하게 된다. 이보다는 아이가 최근 불편한 점에 대해 선생님에게 직접 말씀 드리거나 일기장 또는 편지로 내용을 전달하면 교사는 상황을 살펴보고 적절한 도움을 줄 수 있을 것이다.

학교에서 학생이 겪은 일은 담임교사가 가장 잘 파악할 수 있다. 담임교사는 평소의 학교생활을 통해 구성원의 역동, 갈등 발생 이유와 배경에 대한 구체적인 이해도를 갖고 있다. 또한 학급 구성원 모두를 성장시킬 수 있는 방안을 갖고 있기 때문에 담임교사가 행하는 중재의 힘을 믿고 따라야 한다. 이런 믿음 안에서 상황을 해결해 나가는 주체 역시 학생이어야 한다. 어긋난 감정을 푸는 것도, 용서와 화해를 진행하는 과정도, 부당하거나 불편한 부분에 대해 선생님에게 말할 수 있는 일의 중심에도 학생이 서 있어야 한다.

아이가 혼자 해결하길 어떻게 기다리냐고, 그동안 애가 받을 상처는 누가 책임질 거냐고 학부모가 따진다면 대답해 드려야 한다. 지금 아이에게 문제해결의 경험을 조금씩 늘려 주고 보장해 주지 못하면 평생 자녀 뒤를 따라다니며 모든 문제를 다 해결해 주시라고 말할 수밖에 없다.

아이의 나이와 수준에 맞게 본인이 해결할 수 있는 역량을 키워 갈 수 있도록 돕는 것이 어른이 해야 할 몫이다.

3. 민원 제기를 통해 무엇을 얻을 것인가

뉴스 기사를 보니 최근 3년 동안 학부모 민원으로 모두 129명의 담임이 교체되었다고 한다(MBN News 2023년 9월 5일자). 민원인이 담임 교체를 요구한 표면적 사안 외 학부모 민원으로 고통받던 교사들이 질병 휴직 등으로 스스로 물러나 담임 직위를 내려놓는 것까지 감안한다면 사례는 훨씬 많을 것이다.

학부모는 학교교육에 관하여 의견을 제시할 수 있지만 교원의 전문성과 교권을 존중하는 방식으로 이루어져야 하며, 교원의 정당한 교육활동에 대하여 부당하게 간섭하는 행위가 허용되어서는 안 된다. 학부모의 '교육 참여권'이라는 미명하에 무분별하게 용인되었던 담임 교체는 아무 잘못 없는 대다수의 학급 구성원에게 고통과 혼란을 주고 있다.

본인의 감정을 제어하지 못하는 민원인 한 명으로 인해 학교에서 평화로운 일상을 지내던 대다수의 학생들이 어느 날 선생님을 잃고 방황한다면 이 피해는 누가, 어떻게 책임질 것인가? 목소리 큰 한 사람의 학부모를 위해 대다수의 학생들이 피해를 입고 있는 것이 안타까운 현실이다. 교사의 정상적인 생활지도마저도 정서 학대, 아동학대로 올가미를 씌우고 '내 아이 감정을 상하게 한 사람은 끝까지 응징한다!' 는 자세를 보이는 악성 민원인에게 묻지 않을 수 없다.

"이 일을 통해 당신은 무엇을 얻고자 합니까?"

학부모 민원을 제기하기 전 한 번 더 생각해 보자. "○○○와 같은 반이 되지 않게 해 달라."는 부탁이 내 아이의 행복과 안전을 위해서라고 항변한다면 부모가 개입하여 당장 불편을 모면한 자녀에게 앞으로 겪게 될 갈등 상황에 대한 대처와 극복은 어떻게 가르칠 수 있을까? 학교는 다양한 상황을 경험하며 건강한 사회생활을 준비하는 학습의 장이며, 학생들은 경험과 실수를 통해 배우고 성장하는 존재이다. 크고 작은 실수와 아픔을 극복하며 건강한 자존감과 성숙한 자아를 형성할 수 있도록 어른들이 도와주어야 한다.

아이가 준비물을 가져오지 않아 난처한 일을 겪을 때 왜 준비물을 학교가 제공하지 않아 수업 결손을 발생시켰느냐고 항의할 일이 아니라 선생님이든 옆 짝꿍에게든 손을 내밀며 도움을 요청하도록 아이를 가르쳐야 한다. 또, 그런 도움을 받은 경험으로 자신도 누군가가 손을 내밀면 도움을 주어 '어울려 살아가는 법'을 배워야 한다. 특별한 의도 없이 자신이 받은 선물을 자랑했을 뿐인데 질투와 시샘으로 은근히 공격하는 친구를 보며 상대방의 처지와 마음도 살필 줄 알아야 한다는 것을 아이들은 경험을 통해 배워 나간다.

또, 교사의 교육 방침을 신뢰하며 묵묵히 교육 동반자가 되어 주는 대부분의 학부모와 학생들에게는 어떤 불이익이 가해지는 것인지 생각해 보아야 한다. 오늘의 민원 제기가 내 자녀를 위한다는 부모의 마음일 수 있겠으나 다른 어느 날엔 내 자녀 또한 평화롭고 행복한 학교생활에 피해를 입는 입장이 될 수도 있다. 공동체는 선순환이든 악순환이든 서로 영향을 주고받기 때문이다.

학교에 문제 제기를 하는 이 일이 긴 시각으로 볼 때 진정으로 자녀의 독립과 성장을 돕는 일인지, 자녀가 다니는 학교가 더 나은 교육의 장이 되길 바라는 마음에서인지 한 번 더 생각해 볼 일이다. 점점 교육의 본질과 멀어지고 있는 학교의 위상을 세우고 공교육을 정상화하는 일은 '내 자녀를 위해' 당장 필요한 일이라는 사실을 기억하자.

4. 내 요구가 원칙을 준수하는 내용일까

많은 학부모가 악성 민원에 대한 보도를 접하며 자기 자식을 가르치고 있는 사람에게 어쩌면 저렇게까지 할 수 있냐고 비판한다. '내가 하면 로맨스, 남이 하면 불륜'이라는 의미의 '내로남불' 식 사고가 인간의 본성이기도 하지만, 우리가 자신과 타인에게 다른 잣대를 들이대는 것이 악성 민원을 바라보는 시선에서도 그대로 드러나고 있다.

깍듯한 인사말을 서두에 붙이지만 교사 입장에서 볼 때 부당한 간섭에 해당되는 사례가 매우 많다. 업무 시간 내의 연락이었고 욕설, 반말, 협박을 하지 않았지만 내용상으로는 교사의 전문성을 건드리는 민원이 부지기수다. 자신이 제기한 민원은 정당했다고 생각할 수 있을지 모르지만, 민원을 제기하기 전에 내 요구가 원칙을 준수하는 내용인지 자기 검열이 필요하다.

아이가 학교에 적응을 못하거나 교우 관계가 원만하지 못한 것 모두 담임교사의 무능을 탓하며 폭언과 협박을 가하는 민원인은 학교와 담임교사가 학생의 사회성을 포함한 인성 전부를 책임져야 한다는 논리인데, 대체 가정에서는 어떤 책임과 노력을 다하고 있는지 묻고 싶다. 본인도 자녀를 돌보기 힘들어 터져 나오는 하소연이라면 차라리 교사에게 도움을 요청하고 함께 협력해 나갈 수 있도록 손을 내미는 것이 현명한 부모의 태도가 아닐까?

"작년 선생님은 지각이나 조퇴를 학교생활기록부에 기록하지 않으셨는데 왜 이렇게 출결을 깐깐하게 체크하세요? 20분 늦었다고 진짜 지각 처리를 하면 어떡해요?"

학교는 학생 생활지도와 학습지도 관련하여 원칙이 있다. 특히 출결, 평가 관련 부분은 정확한 기준으로 세심한 관리가 필요하다. 지각을 습관처럼 하는 학생이 있는데 이것을 눈감아 준 교사는 괜찮은 교사이고, 출결을 정확히 체크한 교사는 민원 제기 대상이 된다는 것이 말이 되는가? 원칙을 무시하면서 목소리를 높이기만 하면 다 받아들여지는 사회는 시스템이 갖추어진 안정된 사회가 아니다. 학생에게 준법정신을 가르쳐야 할 어른들이 오히려 편법을 조장하고 나쁜 습관을 지적해 주지 않는다면 그 학생은 성인이 되어서도 타인과의 약속, 규범을 준수하는 일에 취약할 것이다.

"우리 애 오늘 집안 행사가 있어서 할머니 댁에 가야 해요. 가정체험학습 신청서는 다녀와서 제출할 테니 결석 체크하지 마세요."

가정체험학습 신청서는 늦어도 3일 전 담임교사에게 제출해야 학교장의 결재를 득하고 출석 인정을 받게 된다. 가정체험학습 신청서를 제출하지 않고 간다면 당연히 출석을 인정받을 수가 없다. 정해진 규칙을 무시하고 교사에게 편법을 요구하는 부모를 지켜보는 자녀는 무엇을 배우고 느낄까? '엄마, 아빠가 시키는 대로 하면 굳이 내가 애쓰지 않아도 편하게 살 수 있구나.'를 가르치고 있지 않나 모르겠다. 이렇게 자란 자녀가 교육의 궁극적인 목적인 '건강한 독립'을 이룰 수 있을지 걱정스럽다.

　민원을 제기하기 전에 생각하자. 내가 제기하는 민원이 원칙을 무시하고 있는 것은 아닌지, 혹시 원칙을 어겨 달라는 요구 사항이 숨어 있는 것은 아닌지 다시 생각해 보아야 한다. 학교의 시스템과 원칙 자체에 문제가 발견되어 제기한 민원이라면 학교 입장에서도 건설적인 요구로 받아들여 재검토해야 할 것이다. 담임교사가 도와줄 수 있는 영역이 있고, 학교가 해결할 일이 있고, 교육청과 교육부가 할 일이 따로 있다. 받아들일 수 없는 일을 요구하며 담임교사를 곤란하게 만들어선 안 된다. 그런 행동이야말로 바로 모두에게 질타를 받고 있는 진상 민원인, 악성 민원인이길 자처하는 일이다.

우리 학교가 더 좋은 학교가 되면 좋겠어요
- 민원을 제기하는 학생의 마음가짐

학생들의 민원 제기 목적은 자신의 학교가 더 나은 학교가 되기를 바라는 소망에서 출발한다. 담임교사나 교과 교사에게 수업의 질을 높여 달라는 내용, 시험 문제 출제 오류에 대한 내용, 학교 시설에 대한 관심이 높아 개선을 요구하는 내용 등 학교 민원의 주체 중 학생들이 제기하는 민원은 상당히 발전적인 것으로 생각된다.

학교의 주인은 학생이라고 하지만 사실 학교 운영 과정에서 학생들은 소외된 존재로 인식되어 왔다. 학교급별 차이는 있겠지만 학생들이 학교 운영에 더 많이 참여할 수 있도록 배려한다면 미래 사회의 성숙한 시민으로 살아갈 수 있는 역량을 높이는 기회가 될 수 있다. 자율성, 공공성, 연대성을 획득하고 공동의 문제를 해결하는 것이 우리가 추구하는 민주시민의 모습이라고 할 때, 학생들의 자치 역량을 향상시키는 것은 미래 민주시민으로서 살아갈 자질을 높이는 중요한 일이다. 학생 스스로 작은 성공 경험을 축적해 나감으로써 미래 민주시민으로서의 초석을 다질 수 있도록 지지와 격려가 필요하다.

학생들은 미래 사회를 이끌어 갈 주역이므로 이들에게 참여와 소통의 기회를 부여하는 것은 교육적 측면에서는 물론 사회를 위해 매우 의미 있는 일이다. 학생자치회를 담당하는 교사와 학교 관리자는 학생들과 정기적인 간담회를 통해 학교에 대한 학생들의 요구 사항을 파악하고 필요한 지원을 해야 한다. 그러면 학생들은 민원을 제기할 때 어떤 태도를 가지면 좋을까?

1. 학교의 주인은 학생

학교는 학생을 위해 존재한다. 학생을 돕기 위해 교사도 학부모도 존재한다. 학교의 주인이 학생인 것은 당연한 말임에도 불구하고 이 말에 얼마나 많은 학생들이 체감하고 동의할지 궁금하다. 학교의 주인을 교장 선생님이나 여러 선생님으로 생각하는 학생들은 없을까? 학교를 발전시키고자 노력하는 주체가 학생이 된다면 학교의 주인이 학생이라고 새삼 강조할 필요도 없어질 것 같다.

현재 학교에서의 학생들 모습은 주체로서 존재하기보다는 학교의 시스템에 따라 움직이는 존재라는 말이 더 현실적이다. 학교에서 정한 교육과정을 수동적으로 받아들이는 존재에게 '너희가 학교의 주인'이라고 말하는 것이 얼마나 설득력이 있을까. 학생들에게 자율권과 그에 따른 책무를 부여하고 하는 말인지 의문이다. 학교가 발전하려면 우리 학생들이 주인의식을 갖고 학교를 변화시킬 수 있는 주체로 움직여 주어야 한다.

학생들 역시 학교가 자신들의 행복 추구에 기여해 줄 수 있는 아름다운 공간이 되기를 바라고 있을 것이다. 그래서 그들이 학교에 바라는 것들은 넘친다. 많은 것을 '요구하는 사람'에서 그들 자신이 주체가 되어 '스스로 바꾸어 나가는 사람'이 되려면 학교와 사회가 학생을 지금보다 훨씬 존중해야 할 것이며, 주체적인 삶을 살도록 도와주어야 할 것이다.

학생의 깨어 있는 의식은 학교를 변화시킬 수 있는 중요한 동력이다. 한 개인을 넘어 공동체 구성원이 겪고 있는 문제를 발견하여 민주적인 의사소통 과정을 통해 해결하는 방법을 배울 수 있다면 미래 민주시민으로서의 역량을 키우는 데 이보다 좋은 학습은 없다. 그 과정을 학교 안에서 시도하고 성취해 볼 수 있어야 할 것이다.

4차 산업혁명 시대가 요구하는 인재상으로 '창의', '융합', '주도적', '도전', '소통', '협업', '글로벌', '비판적 사고', '문제해결' 등의 키워드가 언급된다. 이 중 학생의 주도성을 함양하기 위한 노력은 학교 활동에서 매우 의미 있게 추진되어야 할 역량이다. 학생의 의사 결정 참여 기회를 확대하고, 학생들이 기획하는 교내 교육 프로그램이 좀 더 다양해야 한다.

'학교 화장실을 깨끗하게 청소해 달라.'는 요구를 할 때 학교의 주인인 학생은 깨끗한 화장실을 유지하기 위한 방법으로 학교에서 도와줄 일과 학생들이 할 수 있는 일로 구분하여 논의할 수 있었으면 좋겠다. 학생자치회에서 화장실 청결을 위해 실천할 수 있는 일을 계도해 나가고, 깨끗한 화장실 환경을 위해 학생들의 손으로 할 수 있는 것이 있다면 방안을 논의해 볼 수 있을 것이다.

주인된 사람의 시각으로 바라보는 요구 사항은 함께 발전시켜 나갈 공동 책임이 있기에 권리와 의무를 동시에 생각할 수 있어야 한다. 학생들이 공동체의 주인으로서 학교를 바라보고 문제를 해결해 나가는 주체가 되도록 교사와 학부모는 지지하고 격려해야 한다.

2. 누구에게 어떤 영향을 끼치는가

'선한 영향력'이란 한 사람의 말과 행동이 주위에 긍정적인 영향을 미쳐 좋은 변화가 일어나도록 한다는 뜻이다. 민원을 제기하는 문제가 다른 학생들에게 어떤 영향을 끼치는 일인지 한번 생각해 보자. 개인의 불편함을 해소하기 위한 문제 제기도 있겠지만, 학교와 구성원에게 도움이 되고 선한 영향력을 끼칠 수 있는 제안이라면 발전적인 요구다.

학생의 요구 사항이 공동체 전체에 선한 영향력을 끼칠 수 있는 제안이라면 학교는 적극 검토하고 반영해야 한다. 한 사람의 이익보다 공동체에게 돌아갈 이익이 크다면 제안의 질은 높다고 볼 수 있다. 예를 들어, 학교의 인사말을 '안녕하세요?'에서 '존중합니다.'라고 바꾸자는 학생 자치회의 제안이 있다면 이 인사말을 통해 공동체 전체에 퍼지게 될 선한 영향력은 크다. '존중합니다.'라는 반복적인 인사말을 사용함으로써 단순한 언어의 의미를 넘어 가치와 생각의 변화까지 유도해 나갈 수 있을 것이다. 이런 인사말을 사용하는 학교가 몇 년이 흐른 뒤 타 학교보다 학생 간 다름을 인정하고 타인에 대한 포용력이 훨씬 높게 나타나는 것으로 확인될지도 모른다.

또, '학교 급식의 식단을 개선해 달라.'는 민원이 제기되는 것은 공동체 전체의 유익한 혜택이 예상된다. 교사나 학부모가 요구하기 어려운 문제를 학생들이 지적한다면 학교는 좀 더 긴장하며 양질의 식단을 위해 고민하고 대안을 모색할 것이다. 좋은 교사와 좋은 학교는 학생들의 말에 깊이 공감하며 그들의 요구에 진심 어린 관심을 갖는다.

3. 저는 이렇게 생각합니다

중간고사 사회 시험에서 어느 학생이 답안 오류로 민원을 제기하였다. 답지는 1번이 정답인 것으로 발표되었지만 학생은 도저히 납득할 수 없었다. 1번도 맞지만 3번도 맞기에 복수 정답을 인정해 달라는 것이 민원의 요지였다. 문항 출제에 관한 민원은 주로 공부를 잘하고 열심히 하는 학생들이 많이 제기한다. 학생은 수업 시간에 작성한 노트 필기와 참고서 등의 근거 자료를 가지고 담당 교과 선생님을 찾아갔다.

우리나라 학생들은 학교생활에서 교과 성적의 중요도가 높기 때문에 시험 결과에 매우 예민하다. 단 한 문항의 결과에 따라 내신 성적 등급이 달라질 수도 있기에 그러하다. 선생님이 강조한 말을 메모한 노트 필기를 비롯해 자신이 공부한 자료와 생각의 근거를 갖고 문제 제기를 한다. 민원을 제기한 학생이 교사로부터 듣게 된 답변은 복수 정답을 허용하기 어렵다는 것과 문항 오류가 아니라는 설명이었다.

학생은 놓친 문제에 대한 아쉬움과 교사의 완강함에 짜증이 났지만 이런 과정을 거치는 사이 학생과 교사는 무얼 배우고 얻게 될까? 교사는 문제 출제에 보다 철저한 검증이 필요하다고 생각할 것이다. 학생 역시 선생님과의 대화를 통해 느끼고 배운 것이 분명 있을 것이다. 지식을 공유하고 토론하는 동등한 인격체로서의 상호 존중감을 배우지 않았을까 싶다.

우리나라 학생들이 해외 유학을 가면 겪는 어려움 중 하나가 수업에 참여하는 방법에서 느끼는 괴리감이라고 한다. 선생님이 가르치는 내용을 열심히 받아 적고 외우는 수동적인 학습에 익숙한 학생들에게 교사의 발문에 대해 자신의 생각을 말하고 근거를 제시하며 반론하는 친구들의 모습은 낯설다. 어떤 훌륭한 서적에도, 교사의 말에도 진리는 없다. 진리는 함께 찾아가는 과정에 있다. 따라서 비판적 질문과 적극적 경청이 핵심인 소크라테스의 문답법은 오늘날 교실 수업에서도 지극히 유효한 학습 방법이다.

교사는 학생들이 보다 적극적인 자세로 수업에 참여할 수 있는 배움의 환경을 조성해야 하고, 교사의 생각도 틀릴 수 있다는 것을 전제하며 학생들이 좀 더 적극적이고 개방적인 학습을 하도록 독려하면 좋겠다. 평소 생활 속에서도 자신의 생각과 의견을 표명할 수 있는 열린 학급 분위기라면 민원을 제기하는 경우에도 받아들이기가 훨씬 편할 것이다.

교사의 답변에 짜증이 난 민원 학생이 교실로 돌아와 교사의 실력을 폄훼하는 말을 하고 책을 던지며 화풀이를 한다면 이 학생의 그릇은 점수에 집착하는 선에서 머무르는 것이고, 속상한 마음을 달래며 '그래도 나는 내 생각을 말할 수 있었다.'라고 만족하며 다음 시험을 준비한다면 성장 가능성이 매우 높은 학생이라고 생각된다. 학생을 어떻게 이끌어 줄 것인가에 대해 학교도, 가정도 많은 고민이 필요하다.

저도 먹고살아야 됩니다

- 민원을 제기하는 지역 주민의 마음가짐

학교 민원에서 지역 주민이 제기하는 민원이 가장 직선적이고 표현이 거칠다. 비대면, 유선을 통한 익명성에 기대어 목소리를 한 옥타브 높인다. 익명성은 개인의 자유롭고 솔직한 의사 표명이 가능하다는 측면도 있지만, 개인의 말이나 행동에 대한 책임이 약화되고 상대에 대한 비방과 인신공격의 경향을 보이는 등의 부정적인 측면도 있다.

지역 주민의 민원은 전혀 예상하지 못하던 일로 들어오는 경우가 많아 민원을 받는 입장에서는 무척 당혹스럽다. 학교 구성원은 학생과 관련된 일이기 때문에 어느 정도 교육적 해결 답변을 제시할 수 있지만, 지역 주민의 민원은 극도로 격앙된 목소리에 관리자를 인신공격하는 발언도 서슴지 않기에 매우 당황스러운 경우가 많다.

"그 학교 학생들이 떼로 몰려다니며 흡연을 하고 동네에 피해를 주고 있는데 학교는 대체 뭘 하고 있느냐?"는 질타부터 "인근 주민이 학교 시설을 좀 사용할 수도 있는데 왜 철통같이 학교를 방어하는지 모르겠다. 학교 주인이 당신이냐?" 등의 민원이 그렇다. 우리나라는 2018년부터 「산업안전보건법」 제41조에서 고객 응대 근로자에 대하여 고객의 폭언

등으로 인한 건강장해 예방조치 등을 하도록 규정하고 있는데 학교 민원을 대응하는 교사 역시 이 법에 의한 보호가 필요해 보인다. 교사가 감정 노동자인가에 대한 논란이 있겠지만, 이미 교육 수요자(고객)에 대한 서비스 정신으로 무장하고 고객 만족을 최대로 높이고자 애쓰는 직업이 되어 버린 학교의 현주소를 직시한다면 논란은 일축될 수 있을 것 같다.

개인은 대한민국 「헌법」이 보장하는 기본권 중 하나인 행복을 추구할 권리가 있기에 만족스러운 삶에 방해가 되는 일에 강한 거부감을 표명하는 것이겠지만, 지역 주민이나 학교 밖 일반인이 학교에 민원을 제기할 때 다음의 몇 가지를 고려해 주면 좋겠다.

첫째, 학교는 학생들을 지도하는 교직원이 미래의 인재를 키워 내는 공간이다. 익명성에 힘입어 고성과 욕설을 하는 경우는 내용의 설득력이 현저히 저하된다. 상부 기관과 협력하여 시정할 수 있는 일도 민원인의 태도에 거부감이 강해 내용을 제대로 파악하기 힘든 경우도 있다. 감정은 가라앉히고 민원 제기할 핵심 내용을 단정하게 전달하는 것이 훨씬 호소력이 있다.

둘째, 학교는 학생들의 문제 행동을 지도할 책무가 있지만 학교 밖 활동까지 제재를 가하기가 어렵다. 예전처럼 '교외 생활지도'라는 이름으로 청소년 시설 및 유해업소 시설을 방문하여 학생들의 생활을 지도한다는 것이 현실적으로 불가능한 시대이다. 어른들의 학교생활에 대한 기준으로 요즘 아이들을 바라보면 문제점이 많아 보일 수 있지만 학생을 계도의 대상으로 바라보지 않고 어른들이 먼저 모범을 보여 주어 따르도록 하면 좋을 것이다.

셋째, 학교 행사로 운동장 소음이 있거나 공사 중인 경우 민원 전화가 상당히 많이 온다. 소음은 인체에 생리적·심리적 영향을 끼쳐 예민한 사람들에게는 스트레스성 두통을 동반하기도 한다. 거기다 거부감이 실려 소음에 노출되면 정말이지 견디기 힘들 수 있다. 예전에 아파트 층간소음으로 인해 몹시 고통스러운 경험을 한 적이 있다. 위층 아이들이 밤낮으로 뛰는 소리에 몹시 신경이 쓰였는데 윗집 사람들과 이웃사촌으로 지내게 되면서 소음의 강도가 덜 느껴진 경험이 있다. 소음으로 인한 민원을 제기하는 경우, 민원인 자신이나 그들의 자녀도 교정에서 뛰어놀며 어른이 되었다는 것을 회고하면 어떨까 한다. 더불어 사는 세상에서는 때로는 인내가 필요하다.

4장

학교 민원, 이렇게 풀어 가자

우리나라 「헌법」 제26조 제1항에 "모든 국민은 법률이 정하는 바에 의하여 국가기관에 문서로 청원할 권리를 가진다."가 명시되어 있다. 즉, 민원은 「헌법」이 보장하는 국민의 기본권에 속한다. 국가나 단체의 구성원은 비판과 감시의 시각을 견지할 필요가 있다. 공동체의 발전은 다양한 시각을 수용하고 더 나은 대안을 고민하고 따져 보는 구성원이 존재할 때 이루어진다.

현재 법제처에서는 민원의 공정하고 적법한 처리와 민원 행정제도의 합리적 개선을 도모함으로써 국민 권익을 보호하기 위해 「민원 처리에 관한 법률」이 제정되어 있다. 학교 민원을 풀어 가는 과정에 참고하기 위해 간단히 살펴본다.

행정기관의 장은 민원인의 편의를 위해 민원실을 갖추도록 하고 있고, 민원인이 직접 방문하지 않아도 신속하게 처리할 수 있도록 전자민원창구를 두도록 하고 있다. 민원심사관을 지정하여 민원을 점검, 확인하도록 하며 민원 처리 담당자를 보호하기 위해 영상정보처리기기, 호출 장치, 보호조치 음성 안내 등을 포함한 안전요원 배치가 되어 있고, 폭언과 폭행이 발생하려는 때에 증거 수집을 위한 영상 음성 기록 장비, 녹음 전화 등을 운영하도록 하고 있다.

학교 민원은 일반 행정 민원과는 다른 특수성이 있다. 행정 민원이 1회 또는 추가 조치에 한하는 것이라면 학교 민원은 공동체 안에서 지속적인 만남이 이루어지기 때문에 1회로 결론이 나지 않는 경우가 많아 일반 행정 민원과 다른 복잡한 면이 있다.

교사가 직접 담당하고 있는 학급의 학생과 관련된 일이기에 억울하고 부당해도 소송을 제기하기 어렵다는 한계가 악성 민원을 더 활개 치게 하고 있고, 그로 인한 교육 본질의 훼손은 전체 학생들의 피해로 이어지고 있다. 본 장에서는 학교의 특수성을 고려하여 학교 민원 중 학부모 민원의 해결과 대응 방법을 생각해 본다.

민원 제기 단계

학부모는 자녀의 학교생활과 관련하여 궁금한 사항이 많다. 수업에 잘 참여하는지, 친구들과의 관계는 어떤지, 학습 이해 능력은 괜찮은지 등 가정에서 파악할 수 없는 자녀의 학교생활에 대해 담임교사에게 의지할 수밖에 없다. 학부모 민원의 특수성 중 하나가 민원과 상담의 경계가 모호한 점이다. 담임교사와의 상담이 이루어지던 중 학부모가 느낀 서운한 감정이 민원 문제로 부각되기도 하고, 민원을 제기했던 문제가 교사와의 상담을 통해 해소되기도 한다.

학기초 새로운 학급이 편성되면 학교는 1~2주 내 학교 교육과정 설명회를, 담임교사는 학급운영 설명회를 진행한다. 이 시간을 통해 학부모는 일 년간 이루어지는 학교 교육과정의 전반적인 이해를 갖게 되고, 담임교사의 교육철학, 교육 방법에 대해 구체적인 안내를 받는다. 담임교사와 어떤 방법으로 연락할 수 있는지, 학급의 소소한 약속과 규정에 대해서도 이 시간을 통해 알 수 있다. 또, 학생을 지도함에 있어 가정과 학교가 같은 지향을 두고 협력할 때 교육 효과가 배가 된다는 것을 학부모에게 강조하며 교육 동반자가 되어 줄 것을 요청하기도 한다.

현재 학부모 민원으로 인한 교사들의 어려움이 사회문제가 되면서 학부모 민원 창구를 단일화하자는 데 많은 의견이 모아지고 있다. 학급에서 담임교사의 도움이 필요한 소소한 일들은 학생이 선생님에게 직접 의사 표현하고 선생님의 지도에 따르도록 가정에서도 가르쳐야 한다. 저학년도 선생님과 대화하며 자신의 문제를 상의할 수 있는 훈련과 경험이 필요하다. 부모가 아이로부터 전해 들은 말로 문제를 제기하는 것보다는 학생이 직접 선생님에게 이야기하는 것이 해결이 쉽고 더 빨리 도움을 받을 수 있다. 물론 학생들이 선생님에게 자신의 불편한 점을 토로할 수 있는 학급의 다양한 의사 통로가 마련되어야 하며, 학생들이 편하게 자신의 이야기를 할 수 있는 교실 환경 조성도 선행되어야 한다.

학부모가 자녀로부터 전달받은 내용으로 민원을 제기할 경우 자녀로부터 듣는 이야기에 과몰입해선 곤란하다. 같은 반 친구나 학급 친구의 부모로부터 전해 들은 이야기 역시 오해의 여지가 매우 많다. 초등학교 저학년의 경우는 겪은 일을 명료화하기 어렵고 자신도 모르게 상황을 각색하여 전달하는 일이 흔하기 때문이다. 학부모가 들은 단편적인 조각으로 퍼즐을 맞추어 상황을 이해한다면 자녀의 성장에 도움이 되는 방향으로 문제해결이 전개되기 어렵다. 학부모가 우려하는 점에 대해 반드시 담임교사로부터 상황을 듣고 자녀 문제를 이해하고 도움을 구해야 한다.

아직은 대부분의 학교가 대표 민원 창구를 마련하지 못하고 있지만 학교 홈페이지나 학교 대표 민원 창구를 통해 민원을 접수하는 시스템으로 전환해야 한다. 그 후에 학교 민원 담당자는 민원 내용을 검토하여 담임

교사와 논의할 부분인지, 학교 지침에 의거하여 답변할 수 있는지를 파악하여 학교 관리자 이름으로 책임 있는 회신을 보낸다. 단, 사전에 학교 구성원의 합의를 얻은 대응 방식의 표준화된 매뉴얼이 정립되어 있어야 한다. 교육부 지침과 학교 원칙에 의거한 일관된 민원 처리가 되도록 해야 한다.

또 전화로 민원을 제기하는 경우도 많으므로 녹음 기능이 가능한 학교 대표전화가 마련되어야 한다. 만약 전화로 민원을 받는 경우 학반, 자녀 이름을 분명히 밝히지 않는 내용은 접수가 불가함을 고지해야 한다. 본인의 신원도 밝히지 않은 채 민원을 제기하는 문제에 대해 기관이 경청하고 답변해야 할 의무는 없다.

민원을 접수하는 방법을 위와 같이 시스템화하면 민원 내용을 제기하는 사람도, 답변을 준비하는 사람도 즉흥적인 감정으로 제시하는 것이 아닌 조금은 정제된 의견을 바탕으로 의사소통하지 않을까 생각한다.

지금 한국 사회에서는 직종을 불문하고 모든 개인이 점점 큰 권리를 주장하는 가운데 공동체가 위협받고 있다. 학교 역시 마찬가지다. 일부 악성 민원인으로 인해 이런 제도에 대해 고민하게 되었다고 보기엔 오늘날 학교가 너무 과도한 민원에 휘둘려 교사가 학생을 지도하는 일에 전념하기 어려운 환경이다. 공교육이 양질의 수업을 제공하고 학생 지도에 몰입하기 위해 민원 대응 시스템을 체계화할 필요가 있다. 어찌 보면 교사와 학부모 관계가 점점 사무적인 관계가 되고 있지 않은가에 대한 시각도 있을 수 있지만 사회 환경이 변화하고 있고, 공동체 구성원의 요구가 있다면 제도와 문화도 바꾸어 나가야 한다.

민원 대응 시스템

앞에서 민원 대응 창구를 일원화할 것을 제안하였다. 민원을 홈페이지나 서면으로 답변했으나 수긍하지 못한 경우는 대면 상담으로 진행될 것이다. 다음은 민원인이 제기한 문제를 대면으로 해결해 나가는 민원 대응에 대해 살펴보자.

보통 학교에서 정례화하고 있는 학기별 1회 학부모 상담을 제외하고 학교 창구를 통해 접수된 민원은 학교 민원 공동 대응팀을 가동한다. 절차를 다음과 같이 생각해 본다.

1. 민원인은 민원 창구를 통해 방문 일정을 예약한다.

민원인과의 상담 일정은 학교 일정과 조율해야 하므로 날짜별 3회 정도를 제시하여 민원인과 최종 날짜를 조정한다. 사전에 방문이 약속된 경우는 교문 배움터 지킴이에게 방문자명과 시간을 미리 알려 둔다. 최근 학교에서 발생하는 외부인 침입 안전사고 발생 건을 보면 의외로 학교가 외부인 침입 등 안전상 매우 취약한 장소임을 느낀다. 학생과 교직원의 안전을 위해 교문은 외부인을 철저히 차단할 필요가 있으며, 사전 예약하지 않은 학교 방문은 허용하지 않아야 한다.

2. 민원 상담 공간을 마련한다.

개별 학교의 공간 활용이 상이하므로 별도의 상담 공간 마련이 어렵다면 교장실을 민원실로 사용할 수 있다. 학교 민원의 최고책임자는 학교장이므로 교장실을 사용하는 것이 여러 함축적 의미도 있다. 민원인과의 상담 공간에는 녹음 또는 녹화할 수 있는 시설을 갖춘다. 예산을 들여 학교에 이런 장치를 설치해야 할 만큼 학부모 민원의 수준이 갈수록 거칠어지고 있는 현실을 이제는 받아들여야 한다. 학교에 민원 상담 공간과 시설을 갖추는 것은 민원인이 이성적인 대응을 할 수 있도록 도우며, 학부모로서의 품위를 잃지 않으려 노력하는 제어 장치가 되기도 한다. 무엇보다 상상도 못할 난폭한 행동을 하는 학부모에게는 법적 제재를 가하기 위해 증빙 자료가 필요한 부분이기도 하다.

3. 민원 대응팀은 제기한 사안이 학교에서 도울 수 있는 것인지 아닌지 판단한다.

민원인이 제기한 문제가 학교에서 도와줄 수 없는 부분이거나 부당한 요구라고 판단된다면 학교장이 단호하게 거절해야 한다. 이후 민원인이 원할 경우 교육청에 민원을 제기할 수 있도록 안내한다. 학교장이 수용 거부 의사를 분명히 밝혔는데도 무리한 요구를 계속한다면 학교의 지침을 분명히 밝히고 상담 종료를 알린다. 같은 요구 사항으로 민원을 제기한다면 해당 건에 대해서는 민원 접수를 받지 않는다.

4. 민원인과의 상담 과정은 문서와 기록으로 남긴다.

민원인이 제기한 문제가 교육청 민원으로 넘어갔을 경우 상담 과정 기록을 교육청으로 이관한다. 공적 기관에서는 언제나 기록과 문서가 중요하지만, 특히 민원 관련한 일은 민·형사 소송에 대비하는 차원에서도 근거 자료가 확실히 되어 있어야 한다. 교사가 학생 지도에 부당한 일이 없다면 법적 구제가 되어야 하며, 학교가 정당한 대응을 하기 위해 기록 자료를 잘 관리해야 할 것이다.

5. 교육청 학교 민원 심의위원회로 넘어간 건은 교육청 단위의 법률자문팀에서 검토한다.

학교에서 해결되지 못한 민원 건은 교육청 학교 민원 심의위원회로 이관되어 법률자문팀과 함께 검토한다. 교육청에서 심의한 후 교육장 명의로 민원인에게 서면 회신한다. 이 과정에서 필요하다면 교육청은 교육장 명의로 민원인에게 법적 제재를 요청할 수 있다.

6. 학부모나 교사가 법적 분쟁으로 가기 전 교육청은 분쟁 조정 서비스 제도를 설치, 운영한다.

학부모와의 소송은 교육청에서 교사에게 소송비를 지원한다 하더라도 시간적·정신적 손실이 따르는 문제이다. 소송으로 이어지기 전 분쟁 조정 과정을 통해 해결된다면 가장 합리적일 것이다. 상담 과정에서 악성 민원인의 행위로 판별되면 학교와 지역 교육청은 경찰에 신고할 수 있어야 한다. 신고와 함께 민원 내용이 공개되면 민원인의 요구가 상식적인 수준인지 아닌지 사회의 집단 지성이 가늠할 일이다. 공공기관이나 학교의 악성 민원인이 법적 처벌을 받게 될 때 대한민국의 악성 민원 사례는 줄어들 수 있다. 법치국가에서는 다수의 시민과 구성원을 보호하기 위해 법이 존재한다는 것을 보여 주어야 한다. 다수의 학생들이 평화로운 학교에서 안정된 학습권을 보장받아야 한다.

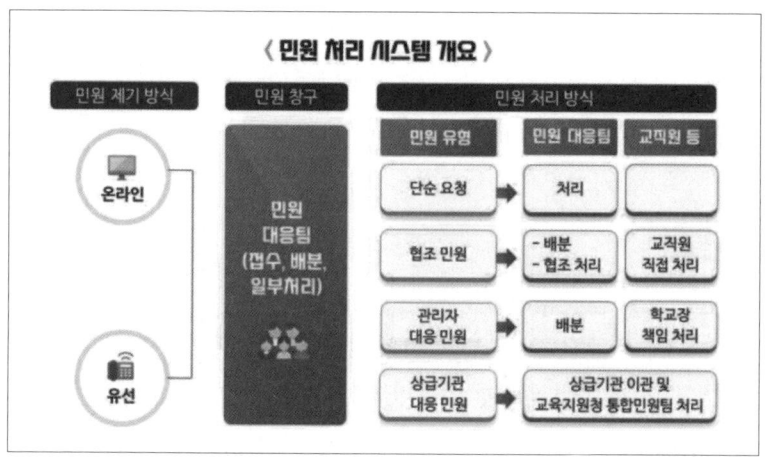

출처 : 교육부

민원인과의 단계별 소통

우리나라의 사회갈등지수는 대단히 높은 편이다. 배려와 존중보다 배타적이며 이기심이 횡행하는 사회 분위기가 학교 사회에도 영향을 미치고 있다. 〈2023 사법연감〉에 따르면 2022년 한 해 법원에 접수된 소송 사건은 616만 7,300여 건으로 집계되고 있다. '소송 공화국'이라는 오명이 실감 나는 수치다. 학교 역시 학부모 간 다툼, 교사와 학부모 간 갈등으로 소송이 제기되는 일이 점점 증가하고 있다. 갈등 자체를 막을 수는 없지만 갈등 관리 대응이 선진적이지 못해 사회가 치르는 갈등 비용이 증가할 수밖에 없다.

'소통'이란 사전적 의미로 '막히지 않고 잘 통한다, 상대와 뜻이 잘 통하여 오해가 없는 상태'를 말한다. 신체로 표현하면 혈관에서 혈액이 잘 통하여 건강한 몸을 유지할 수 있는 것처럼 사람과의 관계에서 소통이 잘되는 것은 건강한 관계 유지의 비결이기도 하다. 대화는 상대방과 서로 마주 보며 말을 주고받는 것이나 소통은 대화를 넘어 말을 통해서 서로 막힌 것을 뚫어 가는 과정이다. 갈등 상황에서 조정과 협상을 향해 나아가는 소통 방법은 상황을 합리적으로 해결하기 위해 꼭 필요한 기술이다.

1단계. 대화 분위기 조성

화가 난 사람과 차분히 대화하는 것은 쉽지 않은 일이다. 일단 서로 긴장감을 낮추고 차분한 대화 분위기를 마련하는 일이 첫 단계다. 대화를 시작하기에 앞서 음료나 따뜻한 차를 준비하여 방문한 사람이 존중받는 느낌이 들도록 한다. 사람과의 관계에서 언어적 메시지 이상으로 비언어적 메시지가 주는 영향력은 크다. 공격적인 대화를 시도하려는 사람에게 포용력 있는 몸짓 하나, 상대를 배려하는 손짓 하나는 상대의 감정을 다소 누그러뜨리는 효과가 있다. 또한, 면담장이 사적인 감정을 호소하는 장소가 아닌 공적 장소로서 품위와 격식을 갖춘 공간이라는 인식을 주어 민원인의 감정 순화를 유도한다.

2단계. 민원 내용 경청

민원인이 호소하는 내용을 듣는 단계이다. 민원인과 대화 시 민원인이 이야기하는 내용에 과한 호응도, 즉각적인 부정 반응도 모두 좋지 않다. 차분한 시선 처리, 딱딱하지 않은 얼굴 표정, 간결하고 단정한 반응이면 좋겠다. 메모하며 상대방의 이야기를 듣는 것은 내용을 빠뜨리지 않고 기억할 수 있고, 상대방의 이야기를 잘 경청하고 있음을 드러내는 수단이 되기도 한다.

친절하고 부드러운 어투는 기본이다. 이런 태도가 상대에게 약자로 보이거나 저자세를 드러내는 태도가 아닐까 걱정하지 않아도 된다. 거친 태도와 공격적인 말투가 오히려 상대방에게 더 큰 허점을 보이는 것이며, 격식을 갖추어 상대를 존중하는 태도가 훨씬 위압적인 경우가 많다. 적극적 경청이 필요하나 상대에게 공감을 표하려는 불필요한 몸짓과 많은 말은 경계해야 한다. "네, 맞습니다." "그렇지요." "공감합니다." 등의 표현이 과하지 않고도 충분히 경청하는 자세를 드러낼 수 있다. 사실 민원 창구를 통해 이미 서면 답변을 완료한 상태이고 이후 추가로 대면 상담을 신청한 민원인에게 설득을 위한 많은 언어가 필요하지는 않다. 깊이 있게 이야기를 듣고 있다는 느낌을 전달하는 것으로 충분하다.

3단계. 민원 내용 정리와 확인

"~한 것을 말씀하셨는데 맞나요?"라고 민원인이 말한 내용을 정리하여 되묻고 요구 사항을 확인한다. 상대방이 요약·정리한 것을 민원인이 다시 듣게 되었을 때 내용의 객관화가 가능해진다. 악성 민원인일 경우 이렇게 객관화된 내용 요약이 수용하기 어려울 수 있다. 그러나 대화 참여자들과 내용을 정리하는 것은 악성 민원인 역시 자신이 한 말을 객관적인 관점에서 한 번 바라보게 될 여지도 있기에 의미가 있다. 또, "지금 제안하신 요구를 해결하기 위해 학교가 어떻게 하길 바라십니까?"라고 민원인에게 역질문을 할 수도 있다.

민원인을 상대할 때 가장 중요한 일은 자신의 분야에서 전문성 있는 설명으로 행동과 결정을 내리는 것이다. 어려운 민원 사례일수록 감정적인 대응이 되지 않도록 유의해야 하며, 상황을 차분하게 평가하는 것이 필요하다.

4단계. 사안과 관련한 위원회 소집과 민원 내용 검토

이 단계에서는 민원인이 목소리를 키우면 학교가 어쩔 수 없이 들어주게 된다는 자신만의 공식을 갖지 않게 유의해야 한다. 상담 자리에서 즉답할 수 있는 것은 단호하게 이야기하여 결론을 낸다. 즉답이 어렵거나 논의가 필요하다면 민원 요구 사항과 관련된 위원회를 소집하여 논의 과정을 거치도록 한다.

악성 민원인일수록 성급한 답변을 요구하는 경향이 있다. 이럴 때는 학교 시스템에서 논의 단계가 필요하므로 기다려 줄 것을 정중히 요청한다. 민원인은 자신의 요구 사항이 즉각적으로 수용되기를 바라지만 학교는 절차를 밟아 대응해야 하며, 사안에 따라 관련한 소위원회를 구성하여 충분히 논의한 후 결과를 통보한다.

한 사람의 교사가 민원을 대응하는 방식이 아닌 공동체가 함께 논의하며 민원 대응에 임할 때 학교의 대처는 좀 더 힘을 발휘하게 된다. 공동체의 대응은 교사에게 치명적인 상처를 막을 수 있고, 만에 하나 법적 대응으로 갈 경우에도 강경한 대응이 가능하다.

5단계. 추후 조치 안내

민원인에게 상담에 협조해 주셔서 감사하다는 인사말과 함께 추후 조치 결과를 알려 드리겠다는 약속을 한다. 민원 해결에 필요한 시간과 학교 절차에 대해 안내하며 최종 통보가 언제까지 가능하다는 명확한 시간을 알리도록 한다. 악성 민원인은 민원 해결도 속전속결을 요구하지만 학교는 빠른 종결보다 하나의 사례를 처리하더라도 차분히 대응하여 명확한 과정과 결과를 도출하는 것이 훨씬 낫다.

6단계. 민원 대응팀의 대화 종결, 감사의 인사

오늘 상담에서 추가로 덧붙이고 싶은 말이 있는지 확인하고 방문에 대한 감사를 표한 후 대화를 종결한다. 마지막까지 정중하고 진지한 대화 참여 태도를 유지한다. 비록 민원인의 요구가 비상식적이라 할지라도 부정적인 어투, 냉소적인 태도는 민원인에게 또 하나의 빌미를 제공할 수 있다. 마지막까지 평정심을 잃지 않는다!

이렇게 처리되었어요

　학생과 교사의 민원은 같은 공간에서 함께 생활하기 때문에 민원 처리 사항을 바로 전달할 수 있다. 학생의 민원 사항은 학생자치회나 아침 방송을 통해 처리 결과를 설명할 수 있겠고, 교사의 민원은 관리자와 상담하여 해결한다. 학부모 민원은 학교장 이름으로 최종 결과를 서면 통보하고, 만약 학교 최종 통보에 수긍하지 못한다면 교육청 민원실로 접수하도록 안내한다.

　일반적인 학부모 민원은 학교의 문화와 고유한 시스템이 있기 때문에 교육청에서 만족할 만한 회신을 주기 어렵다. 문제는 일반적인 민원 내용이 아닌 악성 민원의 경우다. 비이성적인 요구 사항이므로 학교장 명의의 회신으로 쉽게 수긍하지 않을 확률이 높다. 결국은 민·형사 고소로 법적인 시스템에 의존할 수밖에 없을 것이다. 이를 위해 교육청에서는 법률자문단을 두어 대응할 수 있어야 한다.

　학교는 이성적인 민원을 처리하는 것도 사안이 많고 복잡하다. 비이성적인 요구 사항일 경우는 학교의 대응이 어려울 수밖에 없다. 이런 악성 민원은 교육지원청이 감당하고 지원해 주어야 한다. 모든 사안이 관계

법령과 지침으로 다 해결되지는 않는다. 무수한 사안이 그 밖의 영역에서 해결책을 기다리고 있을 것이다.

명쾌한 해답은 누구도 줄 수 없다. 민원은 사안마다 맥락이 다르고, 학교의 상황도 모두 다르다. 민원 처리는 언제나 힘들지만 체계적인 시스템 안에서 해결해 나가는 사례가 확장된다면 비상식적인 민원 사안도 유관 기관의 협조로 처리해 나갈 수 있을 것이다. 교사가 심리적 부담을 느끼지 않고 교육활동에 집중할 수 있도록 학교 관리자와 민원 대응 지원팀은 적극 도와야 한다. 그것만이 다수의 학생을 살리고 공교육이 제자리를 찾도록 하는 방법이다.

5장

학교 민원, 예방할 수 있을까

∙∙∙

'에코챔버(echo chamber)'란 방송이나 녹음을 할 때 인공적으로 메아리를 만들어 내는 방을 가리키는 말이다. 이는 닫힌 방 안에서 같은 뜻을 가진 사람들의 소리만 듣다 보면 그것이 전부라고 여기게 된다는 의미를 품고 있기도 하다. 에코챔버에서 소리를 내면 그 소리가 메아리가 되어 돌아오듯, 인터넷 공간에서 자신과 유사한 생각을 가진 사람들끼리 소통하면서 점차 편향된 사고를 갖는 현상을 가리켜 '에코챔버 현상(echo chamber effect)'이라고 한다.

에코챔버 현상이 무서운 것은 소수의 구성원이 내는 목소리가 점차 나머지 사람들까지 편향된 생각으로 몰아갈 수 있다는 점이다. 잘못된 행동이나 생각인 것을 소수가 인지하지만 자신의 목소리를 내기엔 이미 공간 속에서 에코의 지배에 묻혀 버린다. 일례로 2021년 서울 강남의 한 초등학교에서 학부모들이 학교 현안 문제로 학교장과 교사들을 단체채팅방에 초대해 놓고 학교장에 대한 인신공격, 교사를 폄훼하고 조롱한 발언으로 사회적 논란이 된 일이 있었다.

교사의 안타까운 죽음이 사회문제가 되기 훨씬 이전부터 학교 곳곳에는 죽음의 그늘이 드리워져 있었다. 다양한 매체를 통해 공교육의 문제점과 혁신적인 교육 패러다임을 제시하고 있는 중앙대 김누리 교수는 최근 교사들의 잇단 사망은 교사 개인의 죽음이 아니라 한국 교육의 죽음이라고 지적한다.

끓어오르던 화산이 언젠가는 한 번 터질 일이었다. 교권 추락, 학부모 민원을 극한의 임계점까지 견뎌 내다 더는 어쩌지 못한 고귀한 목숨들의 희생이 헛되지 않기 위해, 대다수 학생들의 학습권을 제대로 보장받기 위해 교권 세우기는 사회적 연대로 반드시 이루어져야 한다.

문제해결의 가장 효율적인 방법은 사안이 터지기 전 예방하는 일이다. 사안을 철저히 점검하고, 대비하고, 예방하는 것이다. 학교폭력도, 학부모 민원도, 교권 침해 사안도 일이 터지기 전 감지하고 예방할 수 있다면 최상이다. 학부모 민원과 교권 침해 사안을 예방하기 위한 방안을 담임교사, 관리자, 지원팀으로 나누어 생각해 본다.

담임교사가 할 일

1. 학급운영 원칙, 교육관을 분명히 알린다

담임의 학급운영 원칙과 교육관을 알리기에 가장 좋은 시기는 3월이다. 새 학기가 시작되자마자 학급운영 설명회를 진행하는 것이다. 3월 2~3주 즈음 전체 학부모를 대상으로 진행하는 학교 교육과정 설명회가 끝나면 교실에서 학급운영 설명회 시간을 갖는다. 이 시간은 학부모에게 담임의 교육 방침을 알리고, 학부모와 신뢰감을 형성할 수 있는 매우 중요한 시간이다. 그만큼 심혈을 기울여 자료를 준비해야 하고, 자신의 교육관을 학부모에게 잘 전달해야 할 것이다.

교사가 어떤 교육철학을 갖고 있는지, 학습지도와 생활지도를 어떻게 할 것인지, 학급의 규칙 등을 자세히 안내한다. 평화로운 학급운영을 위해 교사와 학부모의 원활한 소통은 매우 중요하다. 따라서 학부모와 소통하는 방법도 구체적으로 안내해야 한다. 학급 밴드를 개설할 것인지, 홈페이지를 활용할 것인지, 학생들이 쓰는 '알림장'을 활용할지, 학교 전화를 사용할 경우 통화가 가능한 시간은 언제인지 등 담임교사와의 소통 방법을 구체적으로 알린다. 또, 상담을 신청하는 방법, 담임교사와 상담이 가능한 시간, 학부모에게 협조를 요청할 세세한 사항들을 이야기한다.

이날 학부모에게 꼭 이해와 협조를 구해야 하는 점이 있다. 학생에게 발생하는 비상 연락을 제외하고 학교 퇴근 이후에는 담임이 전화와 문자를 받지 못한다는 것을 분명히 알린다. 퇴근 이후 저녁 시간은 피로를 잘 풀고 쉬어야 다음 날 건강한 몸과 마음으로 아이들에게 집중할 수 있다. 학급운영에 대해 설명할 때 내용 면에서는 명확한 전달이 필요하지만 말하는 분위기는 공감을 끌어낼 수 있는 부드러운 어조로 진행하는 것이 좋다.

참고로 몇 년 전 학급운영 설명회 시간에 학부모에게 안내했던 내용을 요약해 본다.

- 학급운영 설명회 참여에 대한 감사 인사
- 담임 소개 : 경력, 교육관
- 학급 교육목표
- 생활지도 방법 : 학급 상벌에 대한 구체적인 사례와 규칙
- 학습지도 방법 : 과제 해결 방법, 각 교과의 지도 방법, 독서 지도 방법
- 학급 특색 교육
- 평가 방법 : 과정중심평가의 중요성과 실천 방안
- 학부모 협조 사항 : 급우 간 다툼이 생길 경우 대처 방법, 상담 예약 방법, 전화 상담 가능 시간과 방법 등 평화로운 학급운영을 위해 협조할 사항을 구체적으로 안내

- 좋은 부모의 역할
- 부모 역할과 관련된 시 한 편을 나누며 마무리하기

행복한 교실은 행복한 교사가 존재할 때 가능하다. 몸이 불편하고 걱정거리가 많은 날에 아이들과 웃고 즐기며 수업에 집중한다는 것은 쉽지 않다. 따라서 매일 아이들 앞에 서는 교사는 스트레스 관리, 건강관리를 잘해야 한다. 또한 자녀를 지도하는 교사가 건강한 상태로 교단에 설 수 있도록 학부모의 지지와 협조도 매우 중요하다. 개인이 겪은 경험과 선입견으로 교사를 쉽게 평가하고 부정적인 소문을 생산하는 학부모가 있다면 다수의 건강한 학부모들이 연대해 부정적인 사고가 교실을 지배하지 않도록 깨어 있어야 할 것이다.

학급운영 설명회 시간 학부모와 눈빛을 맞추며 학생 지도에 대한 계획을 때로는 강한 어조로, 때로는 호소력을 발휘하여 분명하게 전달한다면 일 년 동안 협력적인 학부모 활동을 이끌어 낼 수 있다. 문제는 악성 민원인이다. 이들이 학교 행사에 불참하게 되면 소통은 더 어려워지고, 불참으로 인해 이해하지 못한 내용이 쌓여 불만 사항이 늘어간다. 따라서 학급운영 설명회 시간은 최대한 많은 학부모가 참석하여 담임과 최초의 소통이 원활하게 이루어지도록 여러 경로를 통해 참석을 적극 독려해야 한다.

학급운영 설명회 시간을 잘 준비하면 일 년 내내 문자 메시지 한 번, 전화 한 번 받지 않아도 평화롭고 행복한 교실 운영이 가능하다. 첫 만남에서 어느 정도의 신뢰감이 형성된다면 이후 갈등이 발생하더라도 대화를 통해 해결할 수 있는 확률이 높아진다.

2. 공적 근거 자료를 마련한다

학부모와 상담할 때 학생에 대해 부정적인 피드백을 보내야 할 경우는 굉장히 조심스럽다. 교사의 어투, 표정, 사소한 표현 하나에도 학부모가 불쾌하게 여기거나 상처를 받았다고 말하는 경우가 많다. 따라서 교사의 느낌과 생각을 전달하기보다 반드시 사실과 자료에 근거하여 이야기를 나눌 수 있어야 한다.

학습적인 부분은 학생의 포트폴리오를 준비하여 결손과 보충이 필요한 영역을 구체적으로 언급한다. 자녀의 현재 상황을 놓고 다른 학생과 비교하여 설명하는 것은 학부모를 불필요하게 자극하고 불안하게 하는 일이므로 피해야 하며, 학교와 교사가 어떤 구체적인 도움을 줄 수 있는지 안내한다. 학생의 학습 수준이 매우 부족한 경우라도 비관적인 표현보다는 희망적인 시각으로 학생의 성장을 위해 할 수 있는 방법을 함께 고민하는 것이 좋다. 교사가 학생을 바라보는 시선은 언제나 변화 가능성에 초점을 두어야 하며, 긍정적 기대감을 끝까지 유지해야 한다. 왜냐하면 교사의 그런 지지와 격려가 있을 때 학생은 변화하고 성장할 수 있기 때문이다.

학생의 교우 관계나 생활지도 부분에 대해 교사의 바람, 조언, 부정적인 사례를 나누게 될 경우는 특히 조심스럽다. 담임교사와 상담 후 학부모는 "교사가 우리 애를 낙인찍었다." "애를 부정적으로 바라본다." "선생님이 우리 애만 싫어한다." 등의 오해를 하게 되는 경우가 많다. 학부모의 불필요한 오해를 줄이기 위해서라도 학생을 성장시키고자 노력하는 교사의 언어가 잘 전달되어야 한다.

학생에 관한 부정적 피드백이 있다면 학부모에게 사실을 알리는 것으로 그쳐선 안 된다. 교사와 학부모가 어떤 구체적인 노력으로 학생의 변화를 이끌어 낼지 함께 고민해야 한다. 학생에 대한 긍정적인 기대감, 적극적인 도움을 주려는 교사의 의지, 가정교육과 연대를 요청하는 등 교사의 진실된 노력이 전해지면 좋겠다.

그리고 학부모와의 상담에서는 학생의 학교생활에 대해 기록한 근거자료가 충분할수록 좋다. 일시, 문제 상황, 관련 학생, 교사의 지도 내용 등이 기록된 자료를 근거로 개선할 점을 제시하고 가정에서 조력해 줄 점에 대해 협조를 요청한다. 학부모에게 협조를 구할 때는 학생의 어려움이 개선되도록 교사도 함께 적극 돕겠다는 뜻이 잘 전달되어야 한다. 우리 아이를 진심으로 걱정하고 긍정적 변화를 이끌어 내기 위해 노력하고 연구하는 교사라는 신뢰감을 줄 수 있어야 한다.

새 학년이 될 때마다 자녀에 대해 부정적인 피드백을 받다 보면 학부모는 예민해지고 방어적인 자세가 된다. 학부모가 자녀 양육에 대한 어려움을 토로하면 우선 충분히 공감해 주어야 한다. 자녀 교육이 쉽지 않은 일임을 공감해 주고, 꾸준히 노력해 간다면 반드시 좋은 결과가 있을 거라는 긍정적 기대감을 주어야 한다.

조엘 오스틴(Joel Osteen)은 《긍정의 힘》에서 긍정적인 말과 생각이 인생을 어떻게 바꾸어 주는지 말하고 있다. 부모가 자녀를 긍정적인 시선으로 바라보며 적절한 도움을 제공하면 자녀는 반드시 변화한다는 확신과 기대를 줄 필요가 있다. 많은 부모가 자녀 교육에 대한 불안감 때문에 불필요한 에너지를 쓴다는 사실에 주목해 보면 의사가 환자에게 회복에 대한 강한 확신과 의지를 불어넣듯 불안한 학부모와 학생에게 긍정의 힘을 강조하는 것은 교사가 반드시 해야 할 일이다 학부모 입장에서는 교사로부터 자녀에 대해 부정적인 말을 듣는 것은 상당히 괴로운 일이다. 따라서 교사의 지도와 관찰 내용이 메모되어 있는 자료를 들어 설명하되 학생을 사랑하는 교사의 마음이 잘 전달되도록 해야 한다. 자녀 문제로 상의할 때 학부모의 감정이 상해 버리면 어떤 사실을 제시해도, 교사가 어떤 노력을 기울인다 해도 받아들여지지 않는다. 학부모의 예민함과 피해의식이 심할수록 방어적인 태세로 무장하기 때문에 교사가 학생을 따뜻한 시선으로 바라보고 있음을 알린다. 어려운 이야기는 부모와 감정 대립이 생기지 않도록 마음의 여유를 갖고 긴 호흡으로 풀어 가도록 한다.

때로는 학부모와의 대화에서 상대가 수용하는 수준을 보아 가며 조언을 조절할 필요도 있다. 교사가 아무리 열정을 갖고 있어도 학부모가 수용하지 않는다면 교사의 노력이 수포로 돌아갈 수 있으므로 학부모의 반응을 살피며 진행하는 지혜가 필요하다.

또, 민원 사안이 발생하는 경우 교사의 방어권 보장을 위해 해당 민원의 처리 과정에서 생성되는 통화 내용, 문서, 증빙 자료 등이 보존되어야 한다. 무고성 아동학대 고소를 당했을 때 이런 자료가 있다면 교사가 스스로를 방어하는 장치로 사용할 수 있다. 교사의 교육권에 대한 보장을 위해 개인의 차원이 아닌 기관 차원에서 자료가 보존되는 시스템을 갖춘다면 더 효과적일 것이다.

3. 꼼꼼한 교재 연구와 학습지도

현재 교사의 권위가 이렇게 바닥을 친 이유 중 하나는 학습지도의 중심이 사교육으로 넘어간 이유가 크다. 학생의 인성 지도만큼 중요한 것은 교사의 수업 역량이기도 하다. 무엇보다 수업을 통해 학생들에게 인정받는 교사가 되어야 한다. 질 높은 수업 안에 인성 지도가 녹아들어야 한다. 좋은 수업은 학습지도와 인성 지도 두 축이 기둥이 되어 학생들의 변화를 끌어내기 때문이다.

 학습지도를 잘하는 교사의 학급은 평화로운 학급 분위기 속에서 상호 간 존중과 질서가 존재한다. 무질서와 혼돈이 내재된 학급은 학생들 사이에 다툼이 자주 발생하고, 소소한 다툼이 쌓여 심각한 갈등 상황으로 번진다. 학부모 민원 대부분이 학생 사이의 관계가 문제가 되어 부모 간의 갈등으로 비화되고, 그 원인을 교사 탓으로 돌리는 악순환이다. 치열한 교재 연구와 학습지도로 안정적인 학급운영을 하는 것이 학부모 민원을 예방하는 방안이 될 수 있다.

4. 학부모 대표 임원과 신뢰 형성, 소통 강화

 학급에는 학부모 대표 임원이 있다. 학급의 학부모회 임원은 교사와 학부모 간 완충 역할을 하며 소통의 창구 역할을 할 수 있다. 교사에게 직접 제안하기 어려운 문제가 있거나 학사 운영 등 궁금한 점을 학급 학부모회 임원에게 전달하면 교사는 한 번에 수합하여 답변할 수 있다. 또, 학부모의 어려움이 있다면 개인적인 갈등이 생기기 전 여유를 두어 생각해 볼 수 있어 교사에게도 도움이 된다. 학급 임원을 포함한 학부모와 교사의 소통이 원활하다면 그만큼 학급운영이 원만해지고 상호 협력적 체제가 구축되어 평화로운 학급운영이 가능해진다.

학부모 사이에서 발생하는 문제나 특정 학생으로 인한 불편함 역시 담임교사가 평소에 학부모회 임원들과 자주 소통하면 문제가 커지기 전에 협조를 요청할 수 있다. 학급 학부모회 임원의 바람직한 역할을 위해 학년 초 학교 차원에서 연수를 실시하는 것도 필요하다. 악성 민원이 발생했을 경우도 자정작용을 일으킬 수 있는 집단은 학교이기보다 다수의 깨어 있는 부모들의 '멈춤' 선언이기 때문이다.

여기서 잠시 학교폭력 예방법인 '학교폭력 멈춰!' 제도를 보자. 교사를 위한 학교폭력 예방 매뉴얼 《학교폭력 멈춰!》라는 책을 보면 교사와 아이들이 서로를 보살피는 공동체를 창조함으로써 학교폭력을 예방할 수 있다고 말한다. 학교 내 구성원 모두가 학교폭력에 대한 감시자가 되어 학교폭력을 예방하자는 캠페인이다. 한 아이가 폭력을 당해 곤경에 처할 경우 "멈춰!" 하고 외치면 가해 학생은 규칙에 따라 즉시 그 행동을 그만둬야 한다. 아이들이 바라본 "멈춰!"는 가장 여린 목소리와 침묵의 목소리에도 반응하는, 집단 괴롭힘 없는 평화로운 교실 공동체 만들기의 가장 구체적인 실천 방법이 되고 있다.

다수의 학부모는 악성 민원인이 평화로운 학급을 해체하도록 묵인하고 내버려두지 않아야 한다. 학교폭력 예방 캠페인처럼 악성 민원에 대한 다수 학부모의 '멈춤' 선언이 필요하다. 악성 민원인과 관련되고 싶지 않은 마음에 침묵을 선택하는 경우가 많지만, 결국 악성 민원인으로 인해 학급이 와해되고 다수의 선량한 학생과 학부모의 피해로 돌아오는 사례를 생각해 보면 서로를 보살피는 '멈춤' 선언은 악성 민원인 발생을 예방하기 위해 필요한 방안이라고 생각한다.

5. 학생들과의 깊은 유대감, 끝까지 학생을 사랑하는 마음과 믿음으로

학생이 선생님을 좋아하고 자신의 어려움이나 불편한 감정도 나눌 수 있다면 문제 상황을 집으로 가져가기 전 교사와의 대화로 대부분 해결된다. "우리 선생님은 ~해서 참 좋다."라는 말을 자녀로부터 자주 듣는 부모라면 교사와 불편한 관계가 될 확률이 낮아진다.

좋은 수업을 하기 위해, 평화로운 학급운영을 위해 학생들과 라포 형성은 매우 중요하다. 교사가 똑같은 말을 해도 학생과 교사 간 깊은 신뢰감이 형성되었는지 아닌지에 따라 그 파장은 천차만별이다. '선생님이 나를 믿고 있다. 나를 지지한다. 나를 사랑하고 있다.' 라는 믿음을 가질 수 있도록 교사는 학생과의 라포 형성을 위해 노력해야 한다.

한 해 동안 학급살이를 하다 보면 뜻하지 않게 오해도 생기지만 교사가 끝까지 학생을 사랑하는 마음만은 내려놓지 않아야 한다. 악성 민원인의 행동이 미운 것이지 중간에 놓인 학생은 죄가 없다. 학생을 아끼고 사랑하는 마음은 결국 한 개인이 아닌 교사로서의 존엄성을 유지할 수 있는 큰 힘이 되기도 한다. 교사에게 닥친 어려움을 극복하는 힘도, 교사로서의 정체성도 결국은 학생을 지키려는 마음에서 나온다. 교사가 학생을 사랑하는 마음을 놓지 않으면 어떤 불의 앞에서도 당당할 수 있고, 교사 자신도 지킬 수 있다.

학교 관리자가 할 일

2023년 8월, 현장교원 정책 TF팀은 〈학교교육 정상화를 위한 현 정책에 대한 해결방안 연구〉라는 보고서를 발간했다. 보고서에 의하면 민원 처리 시 주로 누구에게 도움을 받느냐는 질문에 '도움을 받지 못하고 혼자 대응한다.'는 의견이 34%, 학교의 책임자인 관리자가 돕는 경우는 7%, 교육청이 돕는 경우는 0%, 동료 교사에게 도움을 받는다는 응답이 52%로 과반수 이상을 차지하였다.

민원 처리 시 주로 누구에게서 도움을 받았습니까? (N=21,310)

가족, 지인	관리자	교사 커뮤니티	교육 단체	교육청	혼자 대응	동료 교사	민원 매뉴얼	총 합계
2%	7%	4%	1%	0%	34%	52%	0%	100%

교사들은 민원 대응 시 거의 개인적으로 문제를 해결하고 있는 것으로 보인다. 학교 관리자와 교육청 등 기관의 개입과 도움이 절대적으로 부족한 상황이다. 학교 관리자는 학교 구성원의 안전과 행복한 학교생활을

위해 고민하고 지원을 아끼지 않아야 한다. 관리자는 학부모 민원을 예방하기 위해 어떤 역할을 해야 할까?

1. 학교 구성원의 적극적인 갈등 해결사

민원을 제기하는 학부모 중에는 교사를 위협하듯 관리자에게 알리겠다는 말을 하는 사람들이 있다. 관리자가 알게 함으로써 교사를 더욱 궁지로 몰겠다는 의지 표명인 것 같다. 과거 권위적이고 획일적인 학교문화가 횡행하던 시절 관리자와 교사가 상당히 수직적 관계였다면 오늘날 학교 구성원은 전반적으로 수평적 관계, 함께 일하는 동료로 여겨지고 있다. 그만큼 관리자의 권위 부여도 약화되었고, 권위적인 관리자의 태도는 교사들에게 오히려 설득력이 떨어진다.

관리자는 학교 구성원의 갈등 구조를 잘 파악하고 사안이 발생하기 전 예방책을 강화해야 한다. 학급에서 문제 행동을 하는 학생이 발견되면 교장실로 불러 학생과 개인 상담을 실시한다. 학생이 수업을 방해하는 원인을 파악하여 가정과 학교에서 학생을 지원할 수 있는 방법이 무엇인지 담당 교사와 의견을 나누고, 필요하다면 학부모를 직접 만나 협력을 요청해야 할 것이다.

미국 공립학교 교장의 사례를 보면, 교실에서 지도가 어려운 학생들은 교장실로 불러 직접 상담과 지도를 하고 있다. 필요할 경우 학부모를 소환하여 학생의 문제를 해결하기 위해 학부모와 고민을 나누고 대책을 수립한다. 이렇게 학교장이 학생 문제에 직접 개입하는 것은 그만큼 학교가 학생을 위해 많은 관심과 노력을 기울이고 있다는 증거가 되며, 학교

운영의 책임자가 내린 대책은 상당히 힘이 있고 학부모에게도 설득력이 있다. 학교장은 교사 시절부터 학교 구성원의 입장을 다양하게 경험한 사람으로 교육에 관한 전문적 지식과 리더십을 가진 사람이어야 함은 두말할 필요도 없다.

민원 예방을 위한 관리자의 역할은 각종 민원 사항에 대하여 보다 적극적으로 개입하는 것이다. 교사가 학부모에게 일방적인 사과를 하도록 지시하여 사안을 급히 마무리 짓거나 어느 한쪽의 입장에서만 문제를 바라보는 것은 문제해결을 더 어렵게 만든다. 학부모와 교사 또는 교사와 학생 사이의 객관적 입장에서 사안을 바라보아야 하며 합리적인 중재 역할을 할 수 있어야 한다. 학교를 경영하는 최고 관리자의 교육철학과 리더십에 따라 학교 구성원 전체가 지대한 영향을 받고 구성원 각자 삶의 질이 달라진다는 것은 학교생활을 경험해 본 사람이라면 누구나 느끼는 일이다.

2. 전문 상담가이자 자문가

학교 내 갈등 문제의 합리적 중재 역할을 수행하기 위해 가장 필요한 것은 관리자의 전문적인 상담가 자질이다. 민원인의 호소 내용을 직접적인 이해관계가 있는 당사자만 마주하는 것보다 객관적인 입장에서 관리자가 경청한다면 민원인과 심리적인 거리가 있기에 평정심을 유지하기에 유리하다. 관리자가 적극적인 경청 자세를 보이는 것만으로도 민원인의 감정이 많이 풀리기도 하고, 객관적인 입장에서 바라볼 경우 합리적인 대안 제시가 가능하다.

충분한 경청 이후 학교가 처리를 도와줄 수 있는 부분은 방법을 제시해 주고, 악성 민원으로 판단된다면 교사의 심리적 안정을 지켜 줄 수 있도록 대응해야 한다. 법률적 자문을 요청하여 악성 민원인으로부터 교사를 보호하고, 학급 관리에 흔들림 없이 집중할 수 있도록 교사를 심리적으로 지원해야 한다.

전문 상담가, 자문가로서의 자질을 발휘하는 관리자는 학부모 민원을 예방할 수 있는 학교의 큰 자원이며, 사안이 발생했더라도 교사에게 책임을 떠넘기지 않고 각 구성원의 피해가 최소화되도록 할 수 있을 것이다. 교사들은 일이 힘들어서라기보다 관계에 어려움을 겪을 때 에너지가 더 많이 소진된다. 훌륭한 관리자, 생각이 비슷한 좋은 동료와 함께 일하는 행복감은 어떤 어려움도 헤쳐 나갈 수 있는 용기를 갖게 한다. 관리자에게 요구되는 역량의 스펙트럼은 점점 넓어지는 것 같다.

3. 학교운영위원회, 학부모회 대표들과 적극적인 소통

학부모들이 학교 교육과정에 참여하여 의견을 개진할 수 있는 기회는 점점 다양해지고 있다. 사회 전체적으로 참여 욕구가 높아지기도 하고 자녀 교육에 대한 관심이 높기 때문이다. 학교는 학교 고유의 운영권과 교사의 학습지도권을 침해하는 사례가 아니라면 학부모의 의견을 적극 경청하고 그들과 원활한 소통의 장을 마련해야 한다. 민주시민사회는 민의가 존중되고 참여가 확대되는 사회다. 건강한 의견이라면 학교의 발전을 위해 학부모 참여를 환영할 일이며, 학부모회 대표들과 정기적인 간담회를 개최하여 학부모의 욕구를 읽을 수 있어야 한다.

학부모 간담회를 정례화하는 것은 학급 담임교사에게 들어갈 민원을 학교 측에서 미리 접수하여 빠르게 대처할 수 있는 장점이 있다. 건강한 민원은 학교가 적극 검토하여 반영하겠다는 의지의 표명이기에 결국 학교와 학부모가 상생하는 대응법이기도 하다. 학교 전체 학부모 간담회는 학교 관리자가 학부모의 욕구를 이해하고 합당한 답변을 주는 시간이기도 하지만, 학부모에게 학교 운영의 어려움을 호소하고 학교교육의 주체로서 함께 고민하고 적극적인 동반자가 되어 줄 것을 요청하는 시간이기도 하다.

또한 학교 관리자는 학부모 교육을 통해 민원을 제기할 때의 태도와 절차, 교권을 존중해야 하는 이유 등을 수시로 교육하여 교사가 안정적인 학급운영과 교육 본연의 역할에 집중할 수 있도록 도와주어야 한다. 학교교육은 교사들의 노력만으로 이루어질 수 없으며, 가정에서 부모가 책무를 갖고 함께해야 하는 일임을 계도해 나가야 한다.

학교 관리자는 학부모 간담회나 학교운영위원회 등을 효율적으로 운영하여 학교교육에 대한 신뢰를 높이고, 학부모를 학교교육의 협력적 파트너로 인정하려는 의지를 보여 주는 것이 좋다. 만약 학교 운영에 어려움이 생기거나 악성 민원 발생으로 학교가 곤란에 처할 경우 평소 학교에 대한 신뢰감이 조성되어 있기 때문에 학교의 입장에서 힘이 되어 줄 수 있을 것이다.

4. 교사들에게 든든한 울타리 되기

학교 관리자 역시 불과 몇 해 전에는 평교사로서 교단에 섰던 사람이다. 따라서 내가 일하고 있는 교육공동체의 리더가 어떤 사람이기를 기대하는지 충분히 알고 있다. 공정하고 합리적인 행정 처리 능력을 갖춘 관리자, 교사들을 신뢰하고 따뜻한 리더십을 발휘하는 관리자, 어려운 상황에서 교사의 입장을 견지하며 보호해 주는 관리자를 원한다.

교사를 믿고 지지해 주는 든든한 후원군인 관리자가 있다면 교사들은 어떤 어려움도 극복할 수 있고, 필요한 도움을 구체적으로 요청할 수 있어서 심각한 민원이 발생하더라도 강한 협력성을 기반으로 문제를 해결해 나갈 수 있을 것이다. 이런 공동체의 협력성은 평소 관리자와 교사가 수평적 의사소통이 활발히 이루어지는 학교문화가 바탕이 되어 학급의 어려운 일과 문제를 관리자와 편안하게 주고받으며 적절한 자문을 구하는 일이 일상적으로 이루어지는 것을 말한다. 관리자와 교사 간 소통이 없는 수직적 관계라면 사안이 터져도 서로의 입장을 이해하기 힘들고, 이런 관리자로부터 교사가 도움을 받기도 어렵다.

미국은 학교장이 되고자 하는 교사들을 대상으로 대학에서 교육 리더십을 교육한다. 학부모 민원 대처법, 관련 법령 및 기존 판례 학습, 교장의 적절한 리더십 행동에 대해 2년 정도의 훈련을 거친 후 교장 자격을 부여한다고 한다. 민원에 대해 적극 대처하고 문제를 해결하는 것이 교장의 임무임을 자연스럽게 받아들이는 시스템이다.

우리나라는 관리자의 역할에 대한 재공론화부터 필요하다. 관리자가 필요한 이유, 어떤 역할을 해야 하는지 새로운 설정이 필요한 시대가 되었다. 학교장이 되려면 담임교사로서의 풍부한 현장 경험은 물론이고 미국처럼 교장 훈련 과정이 반드시 필요한 것 같다.

학교 민원 지원팀에서 할 일

1. 녹음이 가능한 학교 대표전화 마련

학교 대표전화는 전화 내용 녹음이 가능해야 한다. 학교로 전화했을 때 업무 지원을 위해 모든 내용은 녹음됨을 알리는 메시지가 나간다. 교사의 개인번호가 노출되지 않도록 하며, 모든 교사에게 안심번호를 제공하거나 업무용 휴대전화를 지급한다.

2. 민원 창구의 단일화

학교 홈페이지로 민원 창구를 단일화할 경우는 학교별 업무 담당자의 업무 폭증, 무분별한 과다 민원 접수, 학교별 상이한 대응 등이 우려되기도 한다. 홈페이지를 통해 민원을 접수할 경우 관리자의 책임 의식과 해결 의지에 따라 효용성이 크게 달라질 수 있다.

교육청에서 1차로 민원을 접수하는 경우에도 교육청에서 학교 상황을 다 파악하지 못하므로 결국 학교로 민원 내용이 하달되고 답변이 가능한 교사를 연결할 수밖에 없다면 교사에게 부담이 되는 것은 마찬가지다. 결국 민원 문제는 학교 관리자가 교사를 지원할 의지가 얼마나 있는지가 관건이 될 것이다.

현장교원 정책 TF팀의 〈학교교육 정상화를 위한 현 정책에 대한 해결방안 연구〉 보고서에서는 1차 민원 접수 창구를 '나이스 학부모서비스' 시스템을 활용하자는 제안을 했다. 나이스 학부모서비스는 학교급, 학교별 차이 없이 전국의 모든 학교가 활용하는 시스템이므로 통일성도 있고, 공식적 민원 창구로서의 기능을 하기에도 손색이 없을 것 같다. 그러나 진입 장벽이 다소 있어 쉽지 않은 부분이 있기도 하다. 학교 민원 제기 창구는 접근성 외 학교와 학부모의 여건을 고려한 최적의 방법을 고려해 선택하는 것이 필요하다.

3. 학생 출결 자동 등록 시스템이 나이스에 연동

학부모 민원 가운데 학생 출결과 관련되는 내용이 매우 많다. 지각, 조퇴, 결석, 가정체험학습 등을 학부모가 시스템 안에서 해결할 수 있다면 교사에게 전화나 문자를 보내지 않아도 일관된 처리가 가능하다. 담임교사의 행정 업무 부담도 줄일 수 있고, 민원인의 억지 선처 요구도 차단할 수 있어 도움이 된다. 가정체험학습 신청 기간에 대한 불편한 말을 서로 할 필요 없이 학부모가 기간 내 신청하도록 하고 원칙 안에서 처리하면 된다. 이런 자동 시스템은 학교 행정에만 맡길 것이 아니라, 부모에게도 일정한 책무가 있음을 상기시켜 줄 필요도 있겠다.

4. 학부모 상담은 사전 예약제로 나이스에 등록

'내 자녀가 다니는 학교니까 학교 방문은 시간이 나는 대로 할 수 있다.'는 생각을 바꾸어야 한다. 교사와의 상담은 사전 예약과 조율 없이는 불가하다. 교문은 외부인 단속을 철저히 해야 하며, 사전 약속된 학부모만 교내 출입이 가능하도록 시스템화해야 한다. 최근 무단 침입해 교사를 폭행하고 학생들의 안전을 위협한 사례, 자녀를 따돌린 학생을 혼내기 위해 교실로 찾아가 폭언을 가한 학부모 사례 등을 보면 학교는 방문자의 출입 목적과 방문자 인적 사항을 분명히 파악하고 출입을 허용해야 한다는 것을 알 수 있다.

나이스에 학부모 상담 예약을 하면 악성 민원인의 민원 내용이 기록되어 사후 교사가 고소 고발을 당하는 경우 담임교사의 교육적 정당성을 보호해 줄 근거가 되어 줄 수도 있다.

5. 학부모 민원실에는 녹음 기능이 되는 시설과 CCTV를 설치

1차 서면 민원 제기 이후 불복하여 학교로 찾아오는 민원인은 반드시 학교 민원 대응팀과 함께 상담을 실시한다. 이 경우 학교에 마련된 학부모 민원실을 이용하도록 한다. CCTV로 녹화가 되는 민원실을 이용할 수 있다면 그동안 지각없이 행동하던 민원인들은 대폭 감소하지 않을까 생각한다.

6. 교원의 공적 보험인 '교원안심공제'의 소송 지원 강화

악성 민원으로 인해 교원이 소송비를 지원받으려면 학교 교권보호위원회 심의·의결을 거쳐야 한다. 이 절차를 단순화하여 사안 처리 결과를 확인할 수 있는 서류만 제출하면 소송비를 지원받을 수 있도록 한다. 교권 침해 피해를 본 교원으로 인정받았을 때에만 소송비를 지원하던 것에서 교육활동으로 소송 중인 교원도 지원받을 수 있도록 도와주어야 한다.

7. 분쟁 조정 서비스 제도 설치

학부모 민원으로 교사가 법적 분쟁으로 갈 경우 이를 사전에 조정해 주는 '분쟁 조정 서비스' 제도를 설치한다. 법적 고소 고발은 결국 모든 당사자를 피폐하게 만드는 일이다. 교육청 법률 자문팀에서 이 사안에 대해 분쟁 조정 단계를 거치면 해결될 소지도 있을 것이다.

8. 학교에 전문 상담 인력 배치

2022년 4월 기준 전국 초·중·고등학교 및 특수·기타학교 등 총 1만 2,068곳에 배치된 전문 상담 교사는 5,398명으로 배치율은 44.7%에 불과하다. 한 학교에만 소속되지 않고 여러 곳을 도는 순회 전문 상담 교사까지 합친 비율로 실제 학교에 상근하는 상담 교사는 더 적다는 얘기다.

상담 교사는 학생의 어려움을 사전에 파악하여 도움을 줄 수 있는 최소한의 예방 장치다. 학생이 안정적인 학교생활을 한다면 학부모 민원 제기율도 낮아진다. 따라서 상담 교사의 배치 비율을 높이는 것은 간접적이지만 학부모 민원을 예방할 수 있는 효과적인 방안이다.

해가 갈수록 교단 생활의 어려움을 호소하는 교사가 증가하고 번아웃에 빠진 교사도 늘고 있다. 자신의 어려움을 혼자 해결하려고 애쓰며 동료들에게도 문제 상황을 노출하기 힘들어 하는 교사가 많다. 이들을 지원하기 위해서도 학교에 상주하는 전문 상담가는 필요하다. '자기 돌봄 프로그램', '자존감·효능감 회복 프로그램'을 제공함으로써 교사가 다시 건강하고 행복하게 교단에 설 수 있도록 학교와 교육지원청은 체계적인 도움을 지원해야 한다.

학부모의 교육활동 참여로
소통과 연대감을

유럽의 교육 선진국에서는 학부모의 인적 자원을 학교로 끌어들여 공교육의 질을 높이는 사례를 볼 수 있다. 우리나라는 교육청과 단위 학교에서 일률적으로 실시하고 있는 학생 등하교 안전지도, 급식 검수 활동, 도서관 봉사활동 정도이다.

2021년 통계청에서 보고한 〈고등교육 이수율 현황〉을 보면 2020년 25~64세의 성인 중 전문대학 및 대학을 졸업한 사람은 50.7%로 2000년 23.8%와 비교하면 20년 사이 2배 이상 증가했다. 한국의 고등교육 이수율은 OECD 평균인 39.0%에 비해 11.7%p 높은 수치다. 대학을 졸업한 인구 비율이 높다는 것은 사회의 교육 수준이 높고, 교육 기회가 많은 사람에게 포괄적으로 제공되고 있음을 의미한다.

평균적으로 볼 때, 현재 우리나라 국민의 교육 수준은 세계적으로 보아 결코 뒤지지 않는다. 학부모 역시 높은 지적 수준을 갖추고 있는 분이 많아 학부모 자원을 적절히 활용하면 학교교육 자원이 풍부해진다. 또, 학부모의 교육활동 참여는 학교와 학부모의 건강한 파트너십을 형성하여 학부모와 학교의 소통을 원활하게 하는 계기가 되기도 한다. 단, 학교 자원봉사자 활동으로 이기적 욕심을 채우려는 마음을 경계하고 조절할 수 있는 봉사자 교육이 선행되어야 할 것이다. 교육 환경의 질을 높이기 위한 수단이 오히려 교육 여건을 악화시키지 않도록 학교의 자원봉사자 관리, 세부 지침이 명확하면 좋다.

현재 학교를 둘러싼 내·외적 교육 환경의 변화로 인해 교사의 업무와 책임은 과중되는 것에 반해 권한과 지원은 없는 불균형적 상황이 교사들의 번아웃을 불러오고 있다. 학부모의 교육 참여는 교사와 학부모가 협력적 교육 주체임을 인식하게 하여 효율적인 학생 지도를 완성시키는 데 일조할 수 있다. 학부모의 건강한 교육 참여를 이끌어 낼 수 있는 학부모 참여 활성화 방안에 대해 생각해 본다.

1. 학부모의 학교교육 참여를 독려한다.

학부모 총회를 통해 학교 운영 계획과 학교 교육과정에 대해 설명하고 학부모의 학교교육 참여 목적, 방법, 유의 사항 등 구체적인 지침을 안내한다. 즉, 학부모가 학교교육에 기여할 수 있는 목적과 방향을 제시하여 그에 대한 순기능적 요소를 알리는 과정이 꼭 필요하다.

2. 학부모와 정기적인 소통의 시간을 마련한다.

학년 대표 학부모와의 만남, 학급 대표 학부모와의 만남, 학부모회 임원진과의 만남, 학교운영위원회 및 각 위원회 소속 학부모들과 소통하는 시간을 정례화한다. 이런 시간을 통해 학부모의 다양한 욕구를 파악하고 학교의 민주적 운영 토대를 마련할 수 있을 것이다.

3. 학부모의 의견을 수렴할 수 있는 시스템을 구축한다.

많은 사람들이 참여 의지를 갖고 자신의 의견이 학교 운영에 반영되는 일을 경험하면 학교교육에 더 많은 관심과 애정을 갖게 된다. 학부모의 학교 운영 참여 기회를 통해 소통이 활발해지면 학교 운영의 어려움도 인지하게 되고, 제기되는 민원에 대해 서로 대안을 제시할 수도 있다. 학교 민원 문제가 이런 소통 안에서 자연스럽게 해결되기도 한다.

4. 선배 학부모가 다른 학부모의 궁금증이나 민원을 경청하여 도움을 주는 시스템을 마련한다.

학교마다 다양한 양상으로 제기되는 민원은 학교 입장에서 대처하는 것도 필요하지만, 자녀의 학교생활을 먼저 경험한 선배 학부모가 설명하고 안내할 수 있는 일들도 많다. 학교의 목소리가 아닌 선배 및 동료 학부모 입장에서 경청하고 함께 해결 방안을 고민한다면 문제가 훨씬 쉽게 풀릴 수 있다.

5. 정기적인 학부모 교육과 멘토 교사의 역할이 필요하다.

학교에서 자원봉사를 할 경우 자칫 자신의 아이 위주로 문제를 해결하고 학교의 정보를 입수하는 것에 목적을 두지 않도록 자원봉사자 소양 교육이 필요하다. 학교의 모든 아이들을 생각하고 교육적인 면을 고려할 수 있도록 수시로 교육하고 봉사자 자원을 관리해야 한다.

6. 학부모의 지원이 요구되는 분야를 교사와 의논하여 설정한다.

학교교육에 도움이 되기 위해 마련한 학부모 봉사회는 학생의 교육활동에 구체적인 도움이 될 수 있어야 한다. 따라서 교사들과 논의하여 효율적인 운영 방법을 모색해야 할 것이다. 예를 들어, 도서관 봉사자, 놀이 공간 안전 도우미, 현장체험학습 안전 도우미, 학습자료 지원팀, 등하교 안전 도우미, 급식활동 지원 등 다양한 분야를 고려하여 학생들의 행복한 학교생활을 위해 협력할 수 있으면 좋을 것이다.

6장

악성 민원 해결 노하우

2023년 7월, 대구광역시 교육청에는 학부모 선언문이 게시되었다. 학부모의 악성 민원이 사회문제가 되고 있는 상황에서 학부모들이 자정 노력을 보여 준 것 같아 반가웠다. 선언문에는 자녀가 더불어 사는 힘, 마음을 다스릴 줄 아는 힘, 인내심을 갖춘 전인적 인격체로 성장할 수 있도록 학부모가 학교와 함께 지원하고 아이와 함께 성장하겠다는 의지를 담고 있다. 아래는 '대구 학부모 선언문' 전문이다.

1. 우리 학부모들은 모든 아이의 성장을 내 아이의 성장으로 인식하고 학교교육을 믿고 지지하겠습니다.
2. 우리 학부모들은 내 아이가 자신을 사랑하고 타인을 존중하며 자신의 일은 스스로 할 수 있도록 가정에서부터 교육하겠습니다.
3. 우리 학부모들은 내 아이를 조건 없이 사랑하고 항상 충분히 잘하고 있다고 칭찬하고 격려하겠습니다.
4. 우리 학부모들은 학교의 교육과정과 교육 방침, 선생님의 수업과 생활 교육 방향을 이해하고, 의견이 다를 때는 존중의 언어로 소통하겠습니다.
5. 우리 학부모들은 내 아이를 아는 만큼 선생님도 충분히 내 아이에 대해 안다는 믿음을 가지고 선생님의 의견을 존중하겠습니다.
6. 우리 학부모들은 학부모 교육에 적극 참여하고, 다양한 교육 봉사활동에 함께하며 학교교육을 지원하겠습니다.

7. 우리 학부모들은 일이 있을 때만 연락하기보다는 평소에도 선생님들께 칭찬과 감사의 전화하기나 문자 보내기를 실천하겠습니다.
8. 우리 학부모들은 민원을 제기하기보다는 문의 전화를 해서 정확한 정보를 얻은 다음 학교와 함께 해결책을 찾겠습니다.
9. 우리 학부모들은 평소 아이 앞에서는 학교와 선생님을 비난하는 말과 태도를 삼가겠습니다.
10. 우리 학부모들은 내 아이와 또래들의 사소한 갈등이 발생했을 때 바로 개입하기보다는 선생님과 함께 아이들이 스스로 해결할 수 있도록 기다려 주겠습니다.

위 선언문 중 모든 아이의 성장을 내 아이의 성장으로 인식하겠다는 것과 갈등이 발생했을 때 바로 개입하기보다는 아이들이 스스로 해결할 수 있도록 기다려 주겠다는 내용은 최근 학교 상황에 매우 절실한 부모의 자세라고 생각된다. 내 아이를 지키겠다는 마음을 확장하여 모든 아이의 성장을 생각하는 여유와 혜안을 가진다면 우리 아이들이 지금보다 훨씬 안정적이고 평화로운 분위기 속에서 학교생활을 해 나갈 수 있을 것이다. 또, 타인과 존중의 언어로 소통하는 문화가 자리 잡도록 교육 주체가 함께 노력한다면 악성 민원도 조금은 줄어들지 않을까 기대한다.

정신과 의사이자 대안학교 교장으로 있는 김현수는 저서 《괴물 부모의 탄생》에서 괴물 부모에 대해 이렇게 말하고 있다.

"괴물 부모는 자녀에게 매우 권위적이면서 동시에 자녀를 과잉보호하는 부모를 일컫는다. 이들은 자녀가 다니는 유치원이나 학교에 불평불만을 쏟아 내며 비합리적인 요청을 해서 운영에 지장을 주고 사기를 떨어뜨리고 교사 소진을 불러온다."

　괴물 부모가 학교로 찾아오면 악성 민원인이 될 소지가 크다. 학교와 교사를 곤란에 빠뜨리는 것도 어려운 점이지만, 더 큰 문제는 이들이 자녀를 양육하는 방법이다. 남들이 자신의 자녀를 높이 받들고 귀하게 대접하도록 요구하면서 정작 자신은 자녀를 함부로 대한다. 자녀와 공감하며 깊이 있게 대화하거나 자녀를 삶의 주체로 존중하는 태도를 보이지 않는다. 부모의 일관되지 않은 양육 태도에서 혼란을 느끼는 자녀는 청소년기에 이르면 정서적 문제를 크게 겪기도 한다.

　이미 언론에 보도되어 많은 사람들이 알고 있듯이 괴물 부모, 악성 민원인은 학교와 구성원을 흔들고 교사의 생존을 위협하는 존재이다. 자녀에 대한 특별대우를 요구하며 악성 민원을 제기하는 이들이 극소수일 때와 지금은 학교 상황이 많이 달라졌다. 지금 학교는 교사의 교육권이 흔들릴 만큼 민원으로 인한 어려움이 증가하고 있고, 어느 학교에서나 악성 민원인을 마주하게 되는 상황이다. 이들과 어떻게 대화하고 그들이 요구하는 민원을 어떻게 처리해야 하는지가 학교의 평안과 안전, 교육의 본질을 지키기 위한 과제가 되었다.

　이 장에서 이야기할 악성 민원인을 대하는 노하우는 필자의 경험을 바탕으로 정리한 내용이라 해법이 아닐 수도 있다. 개별 성향과 상황의 맥락이 각기 다르므로 일반화하긴 어렵지만 어느 정도 가이드라인이 되지 않을까 생각한다. 학교 구성원 모두가 악성 민원으로 인한 상처를 조금이나마 덜 받고 문제를 합리적으로 대처해 나가길 바라는 마음이다.

민원을 제기한
이유, 배경, 목적을 파악하라

악성 민원인은 처음에는 작은 문제를 제기하며 상대의 반응을 관찰한다. 같은 내용으로 수시로 전화하며 예고 없이 학교를 방문하는 등 집요하게 민원 제기를 반복하는 점이 특징이다. 그들은 학교의 답변이 자신이 원하는 해결이 아니라고 생각되면 요구 범위를 확장하고 점점 날카롭게 목소리를 높인다. 이들에게 타인의 입장을 고려하거나 학교 전체 상황을 이해해 달라는 부탁은 수용되기 어렵다. 악성 민원인은 자신의 피해로 여겨진 부분이 해결되지 않으면 한 치의 양보도 없다.

악성 민원인이 제기한 문제에 대하여 학교가 가장 먼저 할 일은 내용을 차분히 분석하는 일이다. 민원을 제기한 이유와 배경이 무엇인지 살피고, 민원인이 최종적으로 원하는 바가 무엇인지 파악해야 한다. 겉으로 드러나는 요구 사항 외에 숨겨진 욕구도 있기 때문에 이를 파악하는 것도 중요하다. 악성 민원인이 교무실로 찾아와 고성을 지르고 교사를 협박하는 행위 이면에는 반드시 그들 나름의 이유와 목적이 있기 때문이다. 문제해결을 위한 전략을 세우기 전 민원을 제기한 이유를 충분히 파악해야 상황이 악화되는 것을 조금이나마 방지할 수 있고, 서로 불필요한 감정이나 그로 인한 힘의 소진을 막을 수 있다.

악성 민원인 중 학교 밖에서는 평범하게 직장 생활을 하고 있거나 타인과 큰 무리 없이 사회생활을 하는 사람들도 많다. 그들이 유독 자녀가 다니는 학교로 찾아와 비상식적 행위를 하는 이유는 무엇일까?

첫째, 민원인 자신이 내면의 문제를 갖고 있는 경우이다.

어린 시절 성장 과정에서 겪은 트라우마나 대인관계의 상처를 갖고 있는 부모는 자녀만은 자신이 경험한 문제를 겪지 않기를 바라는 마음이 있다. 그러나 이들은 자녀와 안정적인 애착 관계를 맺지 못하고 자녀에게 과도하게 집착한다. 급우가 자녀에게 한 말, 교사가 자녀를 대하는 태도와 말을 일일이 파악하려고 애쓰며 자녀의 학교생활을 하나하나 간섭하고 캐묻는다. 이런 부모의 행동이 계속될 때 자녀의 심리는 더욱 예민해지고 부모와의 관계에도 문제가 발생한다.

부모의 불안한 마음이 자녀에게 고스란히 전달되어 자녀 역시 평범한 정서로 또래와 어울리는 힘이 부족하다. 부모의 불안과 예민한 정서가 자녀에게 투영되어 자녀가 불안과 부적응에 노출되는 악순환의 고리를 형성한다. 학교생활에서 벌어지는 지극히 사소한 문제도 부모는 자신의 경험에 비추어 확대 해석하고, 이러한 부모의 불안감은 또 다른 문제를 만들어 낸다.

이들이 문제 삼으면 모든 일은 문제가 된다. 교실에서 평범하게 일어나는 친구 간의 교류도 친구가 자녀를 괴롭히는 일이 되어 버린다. 괴롭힐 의도가 전혀 없었던 친구의 말도 자녀에게 큰 상처가 되는 일로 둔갑한다. 이런 부모의 자녀를 학급 친구들이 편하게 대할 수 있을까? 이런 아이와 거리를 두는 것은 또래 친구들의 자연스런 대처 방법일 것이다.

모든 악성 민원 사례는 원만한 처리에 많은 시간과 에너지가 소모되지만, 민원인 자체의 내면 문제로 학교를 성가시게 하는 경우는 정말 답이 없다. 비정상적인 부모를 상대로 평범한 수준에서 해법을 찾으려 하면 해결도 불가능하거니와 학교와 교사는 탈진할 수밖에 없다. 학교와 교사, 결국은 자신의 자녀에게도 피해를 주는 이런 민원인은 사실 민원 제기의 최종 목적이 무엇인지 본인도 정확히 파악하지 못할 수 있다. 하물며 교사 한 사람이 어떻게 문제를 해결할 수 있을까? 불가능하다. 왜냐하면 민원인은 수시로 감정이 바뀌고 그때마다 학교에 새로운 문제를 제기하여 그들의 요구 사항은 종착점이 어디인지 알 수 없게 만들어 버리기 때문이다.

학교는 이런 민원인에게 어떻게 대처해야 할까?
우선 민원인 가족의 협조를 구하여 학교 민원 대응팀과 민원인 가족이 함께 대화의 자리를 만든다. 이 자리에서 학교는 학부모의 요구 사항이 타당하지 않으며, 민원인의 감정 변화에 따라 민원 내용이 수시로 달라지므로 학교 업무에 상당한 피해가 되고 있는 점을 분명히 밝혀야 한다. 민원인이 학교로 전화한 내역, 통화 횟수와 시간, 녹음된 자료 등을 근거로 학교 업무에 많은 방해가 되고 있음을 고지한다. 이런 상담 내용과 과정은 기록과 녹화를 병행한다.
이 과정에서 민원인이 부당함을 다른 방법으로 해소하려 하거나 상부 기관에 또다시 민원을 제기한다면 어쩔 수 없이 새로운 국면으로 문제를 해결해야 할 것이다. 폭언과 폭행이 있다면 경찰에 사안을 신고해야 한다. 또, 상부 기관에 민원을 제기한다면 지금까지 민원인이 요구했던 내용과 과정을 그대로 이관하면 될 일이다. 이들과의 감정싸움으로 교사 한 사람이 좌절하지 않도록 공동체의 힘과 노력이 필요하다.

교육청에서 검토 후 민원인에 대한 법률적 대응이 필요하다고 판단하면 학교는 필요한 자료 제출 등 교육청과 협력하면 된다. 학교가 할 수 있는 범위 안에서 최선을 다해 학부모의 요구 사항을 수용하는 것이지 학교가 감내할 수 없는 사안에 휘둘려 공동체 전체가 피해를 본다면 안 될 일이다. 민원인에게 학교 입장에 대한 최후통첩을 보낸 후 수용하지 않으면 교육청 법무팀에서 사안을 해결하도록 요청한다.

아이들이 성장하는 환경이 무균 상태이길 바라거나 모든 환경이 최적의 온실이길 원한다면 이들이 성장한 후 사회에 나갔을 때 정신적으로 건강하게 생활하길 바라는 것은 무리다. 아이들은 적절히 불편한 상황도 겪으며 고난을 극복하는 과정에서 더 단단해지고 건강한 성장을 이룬다. 소소한 갈등이 발생한 상황마저 부모의 불안한 감정을 투영하여 사안을 바라보면 자녀는 학급의 어떤 아이와도 어울리기 어렵다. 급우 간의 작은 갈등마저 부모가 통제하겠다는 생각은 자신의 불안감으로 인한 과도한 집착이며 자녀의 성장에 결코 도움이 되지 못한다.

내 자녀가 친구들과 잘 어울리고 원만한 인격을 갖춘 성인으로 성장하길 바란다면 부모가 어떤 역할을 해야 할까? 자녀를 믿고 따뜻한 시선으로 지켜보는 것, 필요하다면 전문 기관이나 교사와 협력하여 자녀의 부족한 부분이 개선되도록 돕는 일이다. 자녀의 모습을 지금 있는 그대로, 온전히 수용하고 받아들이는 부모의 자세가 가장 중요하다. 부모가 우선 안정된 모습으로 일관된 양육 환경을 제공한다면 부모와 자녀의 관계가 좋아져 자녀가 겪는 문제는 점차 개선될 수 있다.

둘째, 민원인이 학교 구성원과 관련된 특정인에게 악감정을 품고 있는 경우이다.

학급 친구, 친구의 부모, 담임교사나 관리자 등 학교와 관련된 특정인과 쌓인 감정 때문에 벌이는 악성 민원일 수 있다. 평소 담임교사가 민원인 자녀를 대하는 태도가 못마땅해서, 학급 친구가 자녀에게 한 말을 전해 들은 부모의 감정이 폭발하여 민원을 제기하는 경우도 많다.

자녀가 집에 가서 전하는 말은 자녀의 입장에서 이야기하는 것이기에 맥락이 객관적이거나 정확할 수 없다. 감정이 어긋난 상태에서 바라보는 상대는 언제나 문제투성이고, 본인은 그로 인해 상당한 피해를 입고 있다고 여긴다. 이런 상황 속에서 가장 원만하게 문제를 해결하는 방법은 감정을 상하게 한 당사자가 사과하는 것이다. 그럼으로써 문제가 빨리 종결될 때도 있다.

예를 들어, 1학기 상담 시간에 담임교사로부터 들었던 말에 속이 상한 학부모가 시간이 흐른 뒤 어느 시점에 담임을 공격하는 경우가 있다. 교사는 부모에게 상처를 줄 의도가 없었고 학생의 부족한 부분이 개선될 수 있도록 노력해 보자는 취지였지만 민원인은 평생 상처가 되는 말을 들었다며 이후 담임교사의 언행을 하나하나 지적하며 민원을 제기했다.

상처를 받았다는 민원인이 오해를 풀 수 있는 기회를 마련하는 것이 필요하다. 이런 자리에는 민원인의 마음이 풀릴 수 있게 진심 어린 사과와 진정성 있는 대화가 오갈 수 있도록 학교 관리자의 중재가 필요하다. 불편한 감정을 품고 있는 민원인과 벌여야 하는 소모전은 생각보다 지난하고 가혹하다. 교사를 아동학대로 고소하는 사례를 보면 대부분 교사에 대한 원한, 감정 대립이 바탕에 깔려 있다. 민원인과의 감정 대립으로 상황이 더 나빠지는 것은 누구에게도 이롭지 않다. 가벼운 일이라 하더라도 최초의 사안을 인지했을 때 매듭짓고 정리해야 한다. 민원인과의 소통이 쉽지 않겠지만 문제가 된 상황에 대해 최대한 설명하여 얽힌 감정을 풀 수 있는 자리를 가져야 한다.

같은 내용의 말도 상대가 오해할 여지가 없도록 표현에 신중을 기할 필요가 있다. 학부모와 불편한 마음을 오래 갖고 있는 것은 교사 개인의 정신 건강에도 도움이 되지 않기 때문에 문제를 오래 끌지 않도록 대처하는 지혜가 필요하다.

"제가 한 말에 불편한 마음이 드실 거라고 생각하지 못했습니다. 그 당시 제가 ○○이에 대해 한 말로 부모님께서 마음의 상처를 입으셨다면 제가 사과를 드리겠습니다."

정중하게 말하고 민원인과의 불편한 감정이 일단락되도록 해야 한다. 우리나라 사람들은 주행 중 실수했을 때 상대방이 비상 깜박이를 켜 사과의 뜻을 표하는 것과 하지 않고 그냥 지나가는 경우 감정 보복의 수준이 다르다. 본인의 실수를 인정하고 사과하는 경우는 받아들이는 게 국민 정서에 있다.

셋째, 민원인 자녀에게 관심을 보여 달라는 목적인 경우이다.

담임교사에게 요구하는 사항을 찬찬히 들여다보면 자녀에 대한 특별 대우와 관심을 바라고 있음을 발견할 수 있다. 교사가 보기에 지극히 이기적인 태도로 보이지만 민원인은 자녀를 위하는 부모의 태도로 인식하며 자신의 태도에 문제가 있다고 생각하지 못하는 것 같다.

세상에는 다양한 사람들이 존재한다. 특이한 학부모 역시 학교 안에서 만나고 겪어야 할 사람이다. 도덕적 기준이나 가치로 판단하기 전에 마음을 조금 내려놓고 대응하는 것이 좋다. 학급운영에서 가능한 범위인지 아닌지 숙고하여 이야기하고, 거절할 경우는 학교 지침이나 학급운영의 근거를 바탕으로 정중하고 정확하게 표현한다. 만약 담임교사의 설명을 수용하지 못하면 학교 민원 대응팀에서 지침대로 이행해 나갈 수밖에 없다.

민원인 자녀에게 관심을 가져 달라는 경우가 학교 현장에서는 가장 흔하기에 학교는 학부모 연수, 대담회, 소모임 운영 등의 형식으로 학부모 교육을 진행해 좋은 교육 환경을 만들어 가도록 노력해야 한다. 부모는 누구나 자녀를 성공적으로 잘 키우고 싶어 한다. 특히 첫아이를 양육하는 일은 누구나 처음 겪는 일이기 때문에 방법이 서툴고 자녀 교육에 대한 자기 확신이 부족한 상태이다. 사회와 학교가 이런 어려움을 살펴서 가정교육에서 부모가 해야 하는 역할, 학교교육에 참여하는 학부모의 자세 등을 부단히 알려야 한다. 사회 전체가 합의하고 인정하는 좋은 교육 방법을 공유한다면 우리 아이들이 조금은 더 좋은 교육 분위기 속에서 성장해 나갈 수 있을 것이다.

넷째, 악성 민원인 중에는 경제적 보상을 바라는 경우가 있다.

교육활동 중 일어난 학생의 우발적인 사고에 대해 학부모는 교사의 지도 부주의로 판단하여 교사를 고소하는 사례가 있다. 학교안전공제회로부터 사안에 대한 보상금을 지급받았는데도 교사에게 정신적인 보상과 사후 치료비까지 추가로 요구하는 경우도 있다.

학부모가 경제적 보상을 요구하는 경우 교사가 계속 끌려 다니면 감당해 낼 수 없다. 학교안전공제회에서는 교육활동 중에 발생한 학교안전사고에 대해 보상해 주는 학교안전사고 보상제도를 마련하고 있다. 학교안전사고로 치료를 받았거나 장애가 남은 경우, 간병인이 필요한 경우, 사망한 경우 등에 대해 보상이 가능하다. 자녀가 입은 피해에 대해 가슴 아픈 일은 충분히 공감해 주되 과한 수위로 교사 개인에게 보상을 요구하는 것에는 선을 그어야 한다. 학생의 빠른 회복과 치유를 위해 학교가 도움을 주어야 하는 것은 마땅한 일이지만, 민원인이 경제적 보상을 계속 요구한다면 단호하게 거절해야 한다. 학교 민원 대응팀과 논의하여 학교 측에서 해 줄 수 있는 최선의 도움을 주되 이후 어떤 요구도 수용할 수 없다는 것을 공동체 이름으로 전달한다.

그동안 이렇게 첨예한 문제를 한 명의 교사가 감당하도록 내버려둔 우리의 교육 여건이 참으로 안타깝다. 늦었지만 지금이라도 교육활동 중 벌어진 사고에 대해 교사를 보호할 수 있는 명확하고 세세한 법 규정이 필요하다. 정당한 교육활동 중 벌어진 사고로 인해 교사가 민·형사 책임을 져야 한다면 적극적인 교육활동이 어렵다.

초지일관 같은 원칙을 제시하라

　스티븐 코비(Stephen Richards Covey)는 《원칙중심의 리더십》에서 존경받는 내면의 힘과 진정한 리더십을 얻기 위해서는 원칙을 삶의 중심에 놓아야 한다고 말한다. 그의 말을 학교 민원에 적용해 본다면 '민원 해결을 위해서는 원칙을 문제해결의 중심에 두어야 한다.'고 말할 수 있겠다. 일반 민원 해결과 마찬가지로 악성 민원의 경우도 학교의 원칙이 반드시 필요하다. 학교는 크게 두 가지의 중심축을 갖고 있어야 한다.

　첫째, 학교는 학생 전체의 안전과 행복한 학교생활을 위해 존재한다는 것이다.
　둘째, 학생의 성장에 초점을 두는 것이다.

　위 두 가지 중심축을 세우고 민원인에게 초지일관 같은 원칙을 제시해야 한다. 예를 들어, 교내 대회에서 수상하지 못한 학생의 부모가 대회 추진 전반에 문제가 있다고 민원을 제기하고 대회 심사표를 공개할 것을 요청했다. 담당 교사가 대회의 취지와 목적을 알리고 심사 과정에서 문제가 없었음을 설명해도 민원인은 수긍하지 않고 결국 교육지원청과 국민신문고에 민원을 제기했다.

민원인의 주요 호소 내용은 표면적으로는 대회 진행의 공정성을 문제 삼고 있지만 민원인 자녀가 수상하지 못한 것에 강한 불만을 표하는 것으로 보인다. 대회의 공정성에 대한 근거를 제시해도 민원은 절대 해결이 안 된다. 학교에서 심사표를 공개하지 않을 것임을 이미 알고 있지만 이렇게 대회의 공정성을 지적하는 것으로 본인의 합리성을 주장하려고 한다.

교육청에 신고하겠다거나 국민신문고에 올리겠다는 민원인의 강경한 태도에 담당 교사가 스트레스를 받을 필요가 없다. 학교의 일이 외부에 알려지거나 소명할 일이 부담스럽지 않은 것은 아니지만 민원인의 분노를 누그러뜨리려는 일시적 대응은 바람직하지 않다. 학교가 원칙을 준수하고 있는 모습을 보여 주는 것이 학교의 신뢰감을 높이는 데도 도움이 된다. 오히려 민원인이 학교의 정당한 권위와 원칙 준수에 위축감을 느낄 수도 있다. 민원인이 결과를 받아들이지 못하고 또 다른 문제를 제기하더라도 그에 맞는 대응을 해 나가면 된다. 중요한 것은 그들의 부당한 요구에 흔들리지 않고 일관된 원칙으로 대응하는 것이다.

민원인이 제기한 요구 사항의 강도와 상관없이 학교의 기준과 원칙을 허물지 않아야 한다. 특히 관리자가 담임교사와 민원인의 중재 역할을 할 때 '원래 이건 안 되는 건데 들어드리는 거다.' 라는 선심성 태도를 보이거나 담임교사에게 민원인의 입장을 이해하도록 종용하는 것은 악성 민원을 더 키우는 일이다. 학교 입장을 분명히 해야 하고, 논의가 필요하면 학교 관리자와 담임교사가 한 팀이 되어 같은 목소리로 대응해야 한다.

학교는 모든 교육활동에서 일단 교육적·행정적으로 과오가 없어야 한다. 어떤 민원인이 문제 제기를 하더라도 합당한 근거를 제시할 수 있어야 한다. 모든 교육활동에 공정성과 교육적 의미가 충분히 확보되어야 한다. 민원인이 다른 의견을 제시하더라도 대회 규정에 없는 일을 할 수 없고, 학교 방침에서 벗어나는 일을 할 수는 없다. 민원인의 민원 수위에 따라 학교의 원칙이 흔들린다면 건강한 공동체로 존립하기 어렵다.

학교는 민원 대응을 친절히 해야 하겠지만 민원인이 비상식적인 태도로 학교를 힘들게 한다면 절차대로 대응해야 한다. 악성 민원인에 대한 학교의 단호한 대처가 오히려 유사한 민원이 재발하지 못하도록 막는 방법이 되기도 한다. 원칙을 준수하는 학교의 모습은 대다수 학부모로부터 신뢰와 존중을 받을 수 있다. 학교가 투명하고 공정한 행정 처리로 모든 학생들의 행복한 학교생활을 추구하는 입장을 견지하여 민원에 휘둘리지 않고 의연하게 대처할 수 있어야 한다. 원칙과 공정함을 추구하는 학교의 모습에 민원인은 결국 본인이 얻어 갈 수 있는 게 아무것도 없음을 깨달을 것이다. 쉬운 과정은 아니지만 학교 문화는 건강한 구성원이 연대할 때 가능한 일이다.

최초의 대응이 가장 중요하다

　대부분의 학부모가 학교에서 마련한 정기 상담 외에는 담임교사에게 전화나 문자를 잘 하지 않는다. 바쁜 교사에게 폐를 끼치고 싶지 않기 때문이기도 하고, 또 불편한 사항도 조금 지켜보면 자연스럽게 해결되는 경우가 많기 때문이다. 아이들 사이의 갈등도 그렇고, 학습 및 평가와 관련한 요구 사항도 지속적으로 관심을 갖되 부모가 나서지 않는 것이 오히려 자녀에게 힘을 실어 주는 일이다. 본인 스스로 대안을 찾을 수 있게 지도하는 것이 자녀의 성장 근력을 단단하게 만들어 주는 일이 된다.

　학기초 새로운 학급이 구성되면 학생과 학부모는 담임교사의 성향을 궁금해 하며 약간의 긴장감을 유지한다. 처음에는 민원을 처리하는 담임교사의 성향을 파악하기 위함인지 다소 수위가 낮은 민원을 제기한다. 좌석 배정이나 짝꿍 문제, 준비물, 과제 등 민원 강도가 낮은 것으로 전화와 문자를 시작한다.
　중요한 것은 최초의 민원에 어떻게 대응하느냐에 따라 학급운영의 일 년이 좌우된다는 점이다. 친절한 어투, 자세한 설명으로 학생들을 사랑하는 교사의 진심이 잘 전달되도록 하되 민원인의 요구를 정확히 분석하는 냉철함을 잃지 않아야 한다. 본인의 이기심을 제어하지 못해 일 년 내내 담임교사에게 온갖 요구를 하고 학급운영에 간섭할 소지가 분명해 보인다면 최초의 민원에 확실한 대응이 필요하다. 민원 내용이 학급운영에 불필요한 간섭과 개인의 이기심이라고 판단되면 거절 의사를 분명히 한다.

수용할 수 없는 이유를 학급운영 관점과 교사의 교육철학적 입장에서 설명하고, 학생의 불편함을 덜어 주기 위한 대안을 제시한다. 예를 들어, 우리 아이는 눈이 나쁘니 교실 중앙의 앞자리로 배정해 달라는 요청이 있다면 학급에서 모둠은 연중 9회 이상 바꿀 기회가 있고, 자리 이동을 다양한 방법으로 적용하여 학급 친구들과 골고루 사귈 수 있도록 지도할 계획임을 알린다.

현재 앉아 있는 모둠 자리가 불편하다면 칠판을 보아야 할 때는 앞으로 나와서 쓸 수 있도록 도움 책상을 준비해 배려하겠다고 이야기한다. 교사는 학생의 어려움을 보살펴 줄 의무가 있으므로 제기한 문제에 대하여 담임교사가 학생을 돕고자 하는 마음이 있음을 민원인도 느낄 수 있으면 좋을 것이다. 최초 민원에 대해 교사가 학급운영의 공정성과 균형을 추구하는 모습을 보이는 것은 다른 학부모에게도 전해지므로 교사의 확고한 원칙과 태도가 중요하다.

민원인의 태도가 평범하지 않아 교사가 부담을 느낀다면 초기 민원부터 강하게 대응할 필요가 있다. 온화한 표정과 단정한 어투로 호의적인 태도를 보이되 불합리한 요구 사항은 수락하지 않는다는 이미지를 심어 주는 것이 좋다. 학생 지도에는 실력과 사랑이 풍부한 선생님으로, 학부모에게는 공정하고 원칙을 지키는 학급운영자로서의 인식이 전달된다면 교사에 대한 존중을 이끌어 낼 수 있지 않을까 생각한다.

최근 악성 민원인이 세상에 속속 밝혀지고 있다. 교사에게 온갖 폭언과 횡포를 부리고 존경받던 교사를 죽음으로 내몬 그들의 행태는 자녀를 가르치고 있는 교사에게 차마 할 수 없는 언행이기에 참담함을 느끼게 한다. 의사, 교수, 대기업 회사원, 사업가, 은행 부지점장, 고위 공무원 등 멀쩡히 사회생활을 하는 사람들이 왜 교사에게는 상식을 벗어나는 언행을 하는지 이해하기 어렵다.

최초의 민원을 대응할 때 충분히 숙고하여 문제를 해결해야 하며, 해결이 어려울 경우 학급 문제를 개방하여 학교 관리자와 동료 교사들로부터 자문을 받는 것도 좋다. 목소리 큰 민원인의 요구 사항을 들어준다면 담임교사의 학급운영을 믿고 따르는 다수의 학생과 학부모에게는 또 다른 피해가 된다는 걸 기억해야 한다. 학급운영의 균형과 공정성이 훼손되면 평화로운 학급과 구성원의 성장을 담보하기 어렵다.

말은 아끼고 신중히 하라

악성 민원인은 감정이 격화된 상태에서 학교로 찾아오는 경우가 많아 거친 언어와 과격한 행동을 보이곤 한다. 민원인이 많은 말을 쏟아 내며 본인의 분노와 억울함을 분출할 때 교사는 최대한 말을 아껴야 한다. "상황을 좀 더 알아보겠다, 선생님들과 논의해 보겠다." 등의 말로 즉답을 보류한다. 또, 민원인의 언행에 절대 감정적으로 대응하지 않아야 한다. 차분한 어투로 상황을 예의주시하고 평정심을 유지하도록 애써야 한다. 악성 민원인과 많은 말을 나누게 되면 그들은 어떤 단어 하나, 표현 하나에 꼬투리를 잡는다. 대화 속에서 또 하나의 문제 제기를 하여 복잡한 국면이 되지 않도록 표현에 신중을 기해야 한다.

민원인을 정중하게 대하되 필요한 말만 짧고 분명히 한다. 그들을 설득한다는 취지에서 하는 많은 말들이 오히려 문제해결에 방해가 되기도 한다. 학교 입장의 장황한 설명은 민원인 입장에서는 변명으로 받아들여질 확률이 높으며, 민원 대응팀이 우왕좌왕하는 모습도 민원인이 더욱 기세를 몰고 갈 여지를 만들어 주는 것이 된다. 핵심 내용을 분명히 전달하는 정도의 간결한 표현이 좋다.

악성 민원이 발생하는 사례를 보면 고경력 교사보다는 저경력 교사, 남교사보다 여교사, 학생 생활지도 방법에서 완고한 사람보다 유연한 사람에게 훨씬 많이 발생하고 있다. 악성 민원인이 상대방의 대응 방식에 따라 민원 수위를 조절한다는 것을 알 수 있다. 약자로 보이는 사람, 만만해 보이는 사람에게 더 강한 요구를 하는 우리 사회가 지금보다는 좀 더 성숙한 사회가 되기 위해 학교 공동체가 먼저 변화해야 할 것이다. 늦되는 학생에 대한 배려와 관심, 저경력 교사에게 기회를 주고 지지하는 공동체의 따뜻한 시선, 내 자녀만이 아닌 학급 구성원 모두의 성장을 지켜주는 학부모가 많은 학교가 될 수 있어야 사회가 달라진다.

2023년 4월, 교사노동조합연맹이 1만 1천여 명에게 실시한 설문조사 결과는 놀랍다. 10명 중 8명이 최근 일 년 사이 이직이나 사직을 고민했으며, 4명 중 1명꼴인 26.6%가 최근 5년 이내 정신과 진료를 받은 것으로 나타났다. 비이성적인 학부모가 교사와 학교를 뒤흔드는 동안 학교도, 교육청도, 사회도 침묵했다. 상처투성이가 된 교사가 혼자 정신과 치료를 받거나 조용히 삶을 내려놓아야 했다.

교사 생활을 하는 동안 악성 민원인과 마주할 일이 없다면 참으로 행운이겠으나 만약 부딪히게 된다면 그들을 대하는 자세는 정중함 안에 당당함이 있어야 한다. 교사의 양심에 가책될 행동이 없었음을, 행정적인 문제가 없었음을 소명하는 데 시간이 걸리고 괴로운 과정이 따르겠지만 마지막까지 그들 앞에 교사 자존감이 무너져서는 안 된다. 외부로 알리고 적극적으로 도움을 요청해야 한다.

학생을 사랑하고 지키는
교육자의 마음을 잃지 마라

악성 민원인의 언행을 보면 저런 성격의 부모가 가정에서 자녀에게는 어떤 양육 태도를 보일지 상상하는 것이 그리 어렵지 않다. 이들은 자기 자신이나 자녀에게 아무도 상처를 주어선 안 된다고 방어막을 치기 때문에 타인과의 소통이 어렵다. 타인의 입장을 고려하는 것도, 대화로 적절한 타협을 하기도 어렵다. 본인은 자녀를 위해 많은 것을 희생하고 부족함 없이 모든 것을 주고 있다고 생각하지만 정작 자녀에게 필요한 것은 부모의 따뜻한 사랑과 지지라는 사실을 잊고 있는 것 같다.

교사는 악성 민원인으로부터 받은 상처와 거부감이 학생에게 전이되지 않도록 경계해야 한다. 부모가 하는 행동으로 인해 학생에게 부정적 감정이 비춰진다면 교실에서 교사는 더 힘들어질 것이다. 학생의 상황을 최대한 이해하려는 마음으로 평정심을 유지하기 위해 노력해야 한다. 교사도 감정을 가진 사람이기에 악성 민원인의 자녀를 평온한 마음으로 대한다는 것이 인간적으로 쉽지 않다. 악성 민원인의 행동은 불편하지만 사안과 별개로 학생에게 감정이 전이되지 않도록 유의하고, 다른 학생과 동등한 사랑과 관심으로 위기 상황을 잘 극복해 나가도록 노력해야 한다. 학생을 존중하고 지키려는 교사의 노력이 결국 교사를 지키고 악성 민원을 극복할 수 있는 길이라고 생각한다. 교사의 일관된 사랑과 원칙이 흔들리지 않는다면 교사의 억울함은 언젠가 해소될 수 있다. 악성 민원인을 견뎌 낼 수 있는 것은 결국 학생에 대한 사랑이다.

교사가 어려운 이유는 인간적인 감정의 역동 속에서도 학생을 지키기 위해 평정심을 유지해야 한다는 점 때문이다. 교사라는 직업은 사회에서 바라보는 것보다 실로 고단한 직업임이 분명하다.

악성 민원인으로 인한
교사의 자기 검열은 하지 마라

욕설과 협박, 인신공격으로 다가오는 악성 민원을 견딜 수 있는 사람은 아무도 없다. 특히 교사들처럼 학창 시절 내내 부모와 선생님들로부터 칭찬만 받으며 지내 온 사람들이 이런 폭언을 어디서 들어나 보았겠는가. 평정심을 유지하라고 하지만 현실에서 이런 일이 닥치면 아무런 대응도 못 하는 것이 대부분의 교사다.

처음 겪는 일에 너무 당황한 나머지 제대로 말 한마디 못 하고 그저 멍하니 지켜만 본 교사는 자괴감에 빠진다. '내가 무얼 그리 잘못 했을까?' '대체 나를 어떻게 보고 이렇게 함부로 대하는 건가?' '내가 이런 말을 들으려고 아이들을 열성적으로 지도했나?' 허탈하고 교사 자존감이 무너진다.

그런데 잘 생각해 보자. 상식적인 범주를 넘어서는 악성 민원인의 행위는 누가 봐도 불합리한 요구와 언행이다. 왜 교사가 자신을 의심해야 하는가? 자녀가 다니는 학교에 와서 난동을 부리는 학부모의 언행이 CCTV에 고스란히 담겨 그 녹화본을 일반인이 살펴본다면 기겁할 일이다. 문제는 민원인에게 있다는 것을 누구나 안다. 길 가다가 미친 사람의 칼에 맞은 사람이 왜 자기 검열을 해야 하나? 그런 일이 벌어진 이유는 한마디로 단순히 재수가 없었기 때문이다. 그 시각에 그 장소에 있었다는 그 이유 하나뿐이다.

학교로 찾아온 괴물 학부모의 악성 민원은 민원인 자신의 내면 문제에 기인한다. 그들이 겪은 인생의 불운한 경험, 가정 안의 역동, 자녀로 인한 무력감 등 여러 요소가 얽혀 그들을 불안정한 정서로 만들었을 것이다. 따라서 교사 자신의 자질을 의심하거나 교사 자신에게서 문제점을 찾으려 하지 않아야 한다.

최근 6년간 재직 중 사망한 교사의 11%가 자살로 인한 사망인 것으로 밝혀졌다. 2016년부터 2021년까지의 통계인데, 2021년 기준 한국인 전체 사망자 중 자살 비율이 4.2%인 것에 비하면 교사의 자살 비율이 2배 이상 높은 것을 알 수 있다. 악성 민원은 교육 생태를 무너뜨리는 범죄이자 사회악이라는 것을 사회 구성원 전체가 인식해야 할 필요가 있다.

관리자에게 알리고 적극적인 도움을 구하라

 서이초 사건을 계기로 교사들의 집회에서 들려온 목소리 중 하나는 교사를 보호하지 않는 학교 관리자에 대한 것이다. 민원 대응 시스템과 대응팀이 마련되었다 하더라도 관리자가 민원에 대한 책무감을 어떻게 받아들이냐에 따라 제도의 실효성이 판가름 난다.
 학교 관리자는 교사가 학생들을 잘 가르치는 일에 집중할 수 있도록 교사를 지원하고 도울 책무가 있다. 교사가 교육 본연의 업무에 집중할 수 있도록 수업 이외의 일들은 관리자와 지원 부서에서 감당해야 한다. 이 분명한 원칙이 체계적으로 돌아가는 학교는 학생들이 좋은 교육 혜택을 누리며 안정적으로 학교생활을 해 나갈 수 있을 것이다.

 교사를 보호하는 일은 한 개인에 대한 보호가 아니라 공동체 전체를 보호하는 일이다. 학교 시스템이 안정적으로 돌아가도록 돕는 일이고, 그 안에 있는 학생과 교사가 제 몫을 하도록 지원하는 일이다. 그러면 학부모의 교육 만족도는 올라가고, 교사의 불필요한 에너지 소모도 줄일 수 있다. 오직 학생들을 건강하게 성장시키기 위한 일에만 교사의 에너지를 집중할 수 있다.

　담임교사가 공정하고 일관된 교육 원칙으로 학급을 운영하며 학생들을 사랑하고 지지하는 힘이 강하면 학생들은 선생님을 존경하고 잘 따른다. 급우 간 갈등이 발생하더라도 그들 안에는 화해와 용서하는 힘이 있고, 갈등을 극복한 경험은 서로를 성장시킨다.

　마찬가지로 관리자가 공정한 기준을 갖고 교사들을 신뢰하고 지지해 준다면 교사는 관리자를 믿고 따르며 학교 일에 최선을 다한다. 학급운영의 어려움을 극복하고 갈등을 해결하는 힘이 점점 더 높아진다. 악성 민원이 생기더라도 교사를 보호해 주는 관리자와 시스템이 존재한다면 교사는 다시 일어설 수 있을 것이다.

　평화로운 학급에는 학생을 지켜 주는 좋은 교사가 있듯, 좋은 학교에는 공정함과 성숙한 교육 문화가 있으며 역량 높은 관리자가 존재한다. 특히 저경력 교사들에게 든든한 관리자와 민원 대응 시스템은 오아시스와 같다. 악성 민원 문제는 개별 교사가 극복할 수 있는 사안이 아니다. 공동 대응을 해도 힘에 겨운 일을 저경력 교사 또는 개별 교사 한 명이 대처하기란 애초에 불가능하다. 동료 교사와 관리자에게 알리고 적극적인 보호와 대응을 요청해야 한다.

외부에 알리고 공동 대응팀을 꾸려라

초등교사노동조합이 2023년 7월 초등 교사 2,390명을 대상으로 실태 조사를 진행했는데 조사 대상자의 대부분인 99.2%가 '교권 침해를 당한 적이 있다.'고 답했다. 이들이 겪은 교권 침해 유형으로는 '학부모의 악성 민원'이 49%였다. 초등 교원의 절반이 악성 민원으로 고통받고 있다는 조사 결과이다. 또, 학부모로부터 폭언과 폭행을 경험했다는 응답도 40.6%에 달했다.

현재 우리나라의 아동복지 관련 법은 검토할 부분이 많이 보인다. 악성 민원인이 교사를 아동학대로 고소한 후 조사 과정에서 허위임이 판명되어도 신고자에게 무고죄가 성립되지 않는다. 교사의 지도에 부당함을 느낀 학부모가 교사를 모욕, 비방, 협박해도 '아니면 말고'로 종결된다. 법 규정이 이렇다 보니 교사를 아동학대로 신고하고 그와 관련한 악성 민원이 증가하는 것이 이상한 일도 아니다.

2023년 5월 23일 한국교육개발원 교육정책네트워크는 〈초·중·고등학교 교사들의 교직 이탈 의도와 명예퇴직자 증감 추이〉라는 교육 통계 보고서를 내놓았다. 이 보고서에 의하면 2005년 초·중등 교사 명예퇴직자 수는 879명이었지만 2021년 6,594명으로 7.5배 수준으로 증가했다. 특히 초등 교사 명예퇴직자 수는 2018년부터 정년퇴직자 수를 넘어 2020년까지 1.6 → 2.1 → 2.4배로 급증했다. 학부모 민원, 교권 추락과 같은 최근의 학교 분위기가 반영되고 있음을 알 수 있다.

    악성 민원인은 본인의 목소리를 한두 번 내어 보니 담임교사도, 관리자도, 교육청도 모두 저자세를 보이고 자신의 심기를 최대한 건드리지 않으려 한다는 것을 알게 된다. 처음 문제 제기를 하는 것이 어렵지 두 번, 세 번 해 보니 민원인과 민원인 자녀에게 손해가 될 일이 아무것도 없다고 느낄 수 있다. 전국에 있는 학교마다 악성 민원인으로 고통을 받아도 법적인 제재도 어렵고 교사만 속수무책으로 견디는 수밖에 없었다.

    그런데 한 가지 알아 두자. 악성 민원인이 가장 두려워하는 것은 본인의 비상식적인 행동이 학교 안과 밖으로 알려지는 일이다. 교내의 다른 학부모에게 자신의 비상식적 요구 내용이 알려지고 사람들 사이에서 회자되는 것을 경계한다. 자신의 행동에 대해 타인이 어떻게 여길지 본인도 잘 알기 때문이다.

    따라서 악성 민원을 대응하는 방법 중 하나로 그들의 비상식적인 행위를 외부에 알리는 것을 권한다. 보통 학교는 악성 민원인의 비상식적인 태도에 휘둘리고 싶지 않고 해결에 대한 답도 없기에 민원인의 심기를 건드리지 않는 수준에서 사안을 들어주려는 태도를 보이지만, 이럴수록 악성 민원인에게 날개를 달아 주는 격이 된다.

    악성 민원인이 문제를 제기한 일자, 상황, 핵심 내용, 학교의 대응 등 그 내용을 꼼꼼히 기록하고, 가능하면 녹음, 녹화 같은 기록물도 남겨야 한다. 민원인과의 상담 기록을 학교 내부 기안 자료로 남기는 일도 필요하다. 공적 문서는 공신력이 있다. 만약의 경우 민원인이 교사를 상대로 고소할 경우 학교와 교사가 노력한 과정과 대응 과정이 객관적 자료로 분명히 드러난다면 보호받을 수 있다.

또, 악성 민원인과 상담할 때 한 명의 교사가 대응하게 해서는 안 된다. 일대일 상담보다는 학교 차원의 민원 공동 대응팀과 함께 대화하는 것이 필요하다. 악성 민원인의 경우 교사 한 사람의 말이나 표현을 문제 삼아 제2, 제3의 문제로 계속 확장해 나가는 특징이 있기 때문에 학교 민원 대응팀의 신중한 자세가 무엇보다 중요하다.

7장

안전한 학교, 성숙한 학교문화 가능할까

∙ ∙ ∙

민주주의의 가치는 인간의 존엄성을 소중히 한다는 점이다. 미래 민주시민으로 살아갈 학생들을 가르치는 학교에 예의와 존중, 규율과 원칙이 없다면 우리 사회에서 민주주의 가치가 실현되기는 어렵다. 민주주의는 법치국가를 지향한다. 사회질서를 무너뜨리거나 타인에게 상처를 준 사람은 법적·신체적·금전적 손해를 보도록 용인하는 약속이 전제되기에 혼란과 방종으로부터 사회질서가 유지된다. 작은 사회인 학교도 결코 예외가 될 수 없다.

하지만 현재 대한민국 학교는 거의 '아노미 상태'라고 해도 과언이 아니다. 교사에 대한 어떠한 보호도 없이, 교사가 학생을 통제할 아무런 장치도 없이 평화로운 교실을 만들고, 학생들의 학습지도와 생활지도를 철저히 하라는 것은 어불성설이다.

많은 교사의 희생과 억울하고 아픈 일이 임계점에 도달하고서야 불합리했던 법을 손보기 시작했다. 드디어 지극히 평범하고 일상적인 교육이 가능하게 된 지침을 만드느라 교육부가 분주하다. 너무 많은 교사가 상처를 입었고 희생되었지만, 이제라도 바닥을 친 교권을 바로 세워 학교가 교육의 본질을 회복할 수 있도록 해야 한다.

교권을 지키는 해외 학교 사례

현재 학교에서는 수업 방해가 심하거나 수업 중 잠을 자는 학생이 있어도 대처할 마땅한 방법이 없다. 잠을 깨웠다고 악다구니를 쓰는 학생, 학원 공부로 피곤한 아이를 이해해 주지 않았다고 항의하는 학부모에게 특별한 제재를 가할 수 없는 형편이다. 교사에게 아무런 권한도 없이 그저 인격과 덕으로만 가르쳐야 하는 우리나라와 달리 해외 교육 선진국의 학교는 적극적으로 교권을 지키고 학생들에게는 올바른 시민의식을 가르치기 위해 원칙과 규범을 분명히 제시하고 있다.

해외 교육 선진국도 우리나라와 마찬가지로 학생에게 체벌을 할 수 없도록 되어 있지만, 학생들에게 의무와 책임을 강조하는 교사의 강력한 무기가 존재한다. 무엇보다 교사에게 교육 전반에 걸친 절대적 권한이 부여되어 있다. 상급학교 추천권, 평가권, 문제 학생에 대한 교외 전문가 진단 의뢰권, 문제가 반복될 시 퇴학을 명할 수 있을 만큼 교사의 학습권과 생활지도권이 매우 강력하다. 교사는 문제 있는 학생을 보호하는 일이 중요한 업무가 아니라 대다수 학생들에게 양질의 수업을 제공하고 사회의 규범을 학교에서부터 정확히 배우도록 배려하고 있다.

규범 무시와 권위의 부재로 교육 주체 모두가 불안한 우리 교육 현장을 지금 이대로 두어선 안 된다. 학생의 인권도 소중하지만 타인의 권리도 보호할 줄 아는 성숙한 시민으로 성장하도록 학교의 원칙이 준수되어야 한다. 교사와 학교가 무너지면 교육의 희망은 없다. 안전한 교육공동체, 진정한 교육이 숨 쉬는 학교를 위해 제도를 어떻게 정비하고 고쳐 나가야 하는지 교육 선진국의 사례를 살펴보자.

1. 미국의 교권 보호 사례

미국은 다문화 사회 국가이고, 법적인 권리 관계가 뚜렷하게 적용되어 자유롭지만 책임에 대한 규정이 엄격한 나라이다. 미성숙한 학생들을 보호라는 이름으로 감싸기보다는 책임이라는 이름으로 엄격하게 법 적용을 하는 것이 미국이라 여겨진다. 교원도 학교구마다 계약을 맺고 교원 단체와 협약을 맺고 있다.

위스콘신 주 교원 단체(Madison Teacher's Inc., MTI)는 교원의 교권이 침해당하면 교원과 함께 민사 소송을 제기한다. 가장 먼저 조치하는 것은 법원으로부터 임시 접근금지명령을 받는 것이다. 가해 사실이 인정되면 학생은 교사가 수업하는 동안 들어올 수 없기 때문에 사실상 학생이 학업을 계속하기 위해서는 전학을 갈 수밖에 없다.

메사추세츠 주는 교권이 침해당하면 교원 단체(Massachusetts Teacher Association, MTA)는 가해자에게 형사 소송을 제기한다. 주법에 의하면 공무원에 대한 협박 및 폭력은 위법이기 때문에 가해자를 상대로 민사가 아니라 형사로 고소 가능하다. 피해가 입증되면 가해 학생은 전학을 가거나 학급 교체를 해야 하고 교원과의 접촉 금지가 법원 명령으로 내려진다.

미시간 주는 6학년 이상의 학생이 교권 침해를 하면 퇴학 처분이 내려지고, 이를 어긴 학교구는 법원으로부터 제재를 받고 있다.

우리나라와 달리 미국의 교육은 학생에 대한 교원의 권리 및 교육권을 법적으로 강하게 보장하고 있다. 그러나 최근 교권이 흔들리는 사례는 우리나라만의 일은 아닌 모양이다. 미국에서도 교사가 학생과 학부모로부터 위협과 공격을 받은 교권 침해 사례가 많이 발생하고 있다고 한다. 하지만 그들은 교사의 권위를 지키고 다수의 학생들을 보호하기 위해 시스템과 원칙을 두고 있다는 점이 우리와 분명히 구분된다.

먼저 학생 간 다툼에 대처하는 미국 학교 사례를 살펴보며 학생 생활지도를 어떻게 하는지, 부당한 학부모 민원에 어떻게 대응하는지 알아보자.

(1) 학생 간 다툼에 대처하는 사례

미국 학교들은 교실에서 벌어진 다소 심각한 학생 간 갈등 상황에 대해 담임교사가 학교장에게 즉각 보고한다. 신속한 보고 체계를 위해 교사와 학교장은 무전기를 항상 휴대한다. 보고를 받은 학교장은 현장에 도착하여 가해 학생을 곧바로 교장실로 데려간다. 이 자리에는 사회복지사, 상담사, 교감이 배석하고, 학교장은 자신이 보고받은 일이 사실인지 가해 학생에게 확인하고 다른 학생에게 상해를 입힌 일이 얼마나 중대한 잘못인지 인식시킨다. 학생은 교칙에 의거 수일간 등교 정지 처분을 받고 곧바로 하교 조치된다.

　이 장면을 보면 미국의 학교장은 학생 간 갈등, 교사와 학생 사이의 갈등에 얼마나 적극적으로 개입하고 문제를 해결하려 노력하는지 알 수 있다. 우리나라도 학교장에게 중대한 갈등 사안을 보고하지만 학교장이 전면에 나서는 일은 거의 없다. 크고 작은 모든 일을 교사가 처리하는 상황이라 미국 학교장과 우리나라의 관리자 역할에는 상당한 거리감이 있다.

　학생 간 심각한 다툼이 발생한 이후 미국 학교장은 가해 학생의 학부모를 소환한다. 이때도 교감, 상담사, 사회복지사 등 관련 전문가들이 동석하여 일어난 일을 학부모에게 상세히 알린다. 현재 우리나라에서는 학교의 민원 대응팀을 구성하겠다는 생각을 하고 있는데, 미국은 사안 발생 시 도움을 줄 수 있는 교사팀이 구성되어 있다. 이 지원팀에 배석한 교사들은 학생이 왜 그런 행동을 했는지 이유를 알아내고자 노력한다. 학생에게 드러난 문제 행동에는 반드시 배경과 이유가 있음을 알기에 학생의 문제 행동 이면에 숨겨진 여러 상황을 종합적으로 살펴보려고 머리를 맞댄다.

　학생이 가정에서도 유사한 폭력성을 보였는지, 다른 문제 행동은 없었는지 등 학부모의 의견을 청취한다. 학부모와의 상담 자리에서 지원팀은 학교의 지도 방침 및 추후 지도 방향을 학부모에게 전달한다. 학교와 학부모가 상호 신뢰를 바탕으로 학생 문제에 대해 협력적 지원자 역할을 충실히 하는 모습을 엿볼 수 있다.

　학교는 필요에 따라 상담사 또는 사회복지사 등 지역사회 안에 학생과 학부모가 도움을 받을 수 있는 곳을 안내하고, 학교가 추천한 도움을 학생이 받고 있는지, 학교가 더 지원할 것은 없는지 추후 확인 작업을 하기도 한다. 교육 전문가로서 지역과 협력하여 학생의 문제를 해결해 나가는 교사팀에게 힘을 실어 주어 안정된 학교 분위기를 유지하기 위해 노력하는 것 같다.

우리나라는 학부모가 교사에게 자녀의 특수한 상황이나 문제 행동에 대해 허심탄회하게 개방하지 않는 경우가 많다. 개인적으로 심리 치료를 받거나 ADHD 약을 복용 중인 경우에도 교사에게 알리지 않는다. 자녀의 문제를 교사에게 개방해서 득이 될 것이 없고, 또 교사에게 선입견을 주어 낙인만 찍힌다고 생각하는 것 같다. 그러다 보니 교사는 학생의 행동을 보아 미루어 짐작할 수밖에 없다. 우리도 학생의 문제 행동을 도울 지원팀이 존재하고 실제적인 도움을 제공할 수 있는 시스템을 갖추면 학부모의 생각과 태도에 변화가 있을 것이다.

(2) 민원 사안에 대처하는 사례

미국 학교는 교권 침해나 갈등 사안 처리 과정에서 학교와 학부모 사이에 오간 모든 대화를 꼼꼼히 기록하여 추후 있을지 모를 민원이나 소송에 대비한다. 우리나라에서도 민원실을 마련하고, 민원실에 녹음·녹화 장치를 설치하려고 계획하고 있는데 필요한 시스템인 것 같다.

민원 사안에 대처하는 미국 학교의 모습을 보면 우리나라와 명확히 구분되는 점이 있다. 우리나라 학교에서는 관리자를 비롯한 교사 대부분은 기본적으로 민원인에게 저자세를 보인다. 민원인에게 친절해야 하며, 되도록 민원인의 감정을 자극하지 않도록 대응해야 한다고 생각한다.

그래서 학교로 찾아온 민원인이 비상식적 언행을 하더라도 경찰에 신고하지 않는다. 관리자가 학교 이름이 대외적으로 알려지는 것을 부담스러워하고, 교사가 학부모를 신고하는 일을 쉽게 할 수 없는 학교문화와 정서를 가지고 있기 때문이다. 그저 참고 견디면서 민원인의 횡포가 가라앉기를 기다릴 뿐이다. 너무나 소극적인 대처이고 시대 상황에도 맞지 않다.

반면 미국 학교는 학부모의 정당한 민원 제기에 학교장은 합당한 대응을 하되, 반복적이고 도를 넘는 학부모의 민원 제기는 '허래스먼트(harassment, 괴롭힘)'로 규정하고 단호히 대처한다.

미국의 법원은 교원의 특수한 상황을 고려해 높은 수준의 도덕적 책임을 원하면서도 교권이 침해당하면 다른 범죄보다 엄하게 법을 적용한다. 특히 수업을 방해하는 학생에 대한 지침인 '학생 행동 강령(Student Code Of Conduct)'을 교육구별로 마련하여 학생과 학부모의 서명을 받도록 하고 있다. 현재 우리나라 일부 학교에서 실시하고 있는 '교육 3주체 생활 협약'처럼 공동체 생활을 위한 약속을 학생이 중심이 되어 스스로 만들고, 교사와 보호자가 함께 연대하는 교육 방법을 안착할 필요가 있어 보인다.

문자와 전화 등을 통해 24시간 민원에 시달리는 우리나라 교사와 달리 미국 교사들은 어떤 경우에도 학부모와 개인 연락처를 공유하지 않는다. 교육청과 교원 노조 간의 협약에 의거, 학부모는 업무 시간 외에 교사에게 연락할 수 없도록 함으로써 교사의 사생활을 존중한다.

미국은 학부모의 민원을 받은 교사가 학부모와 직접 접촉하는 일은 거의 없다. 교사의 임무는 학부모 민원 내용을 학교장에게 전달하는 것이며, 학부모와의 상담, 나아가 법적인 사무는 학교장의 업무이다. 학교장이 동료 교사 그룹과의 대화를 주선하거나 직접 교사와 대화하며 교사가 겪는 어려움을 청취하고 학교와 교육청 차원에서 도울 방법이 있는지 찾는다. 즉, 괴롭힘에 가까운 학부모의 과도한 민원을 교사 혼자 짊어지게 하는 일은 없다는 것이다. 우리나라 교사들이 학교장에게 바라는 도움과 역할이 바로 이런 것이 아닐까?

그런데 미국 학교장은 우리나라에서 학교장으로 승진하는 과정과는 완전히 다른 과정을 밟는다. 미국은 대학의 교육 리더십학과에서 교장이 되고자 하는 교사들을 교육하고, 학부모 민원 사항 대처법, 관련 법령 및 기존 판례 학습, 교장의 적절한 리더십 행동에 대해 2년 정도의 훈련을 거친 후 교장 자격을 부여한다. 학교장으로 임용되기 전 철저히 준비되어 직위에 투입이 되기 때문에 민원을 처리하는 일을 본인의 책무로 자연스럽게 받아들이고 있다.

우리나라 또한 학교장으로 발령을 받기 전 학교 내 실질적 문제해결 능력을 충분히 갖출 수 있는 훈련 과정이 필요하다. 학교에 민원 대응 시스템을 마련하는 일도 필요하지만, 결국 최고 관리자인 학교장이 어떤 마인드를 지니고 있는지가 관건이다. 민원을 본인의 책무로 받아들이고 적극 대처하려는 의지가 확고해야 학교가 달라질 것이다. '내가 해결할 일'이 아닌 '다른 누군가'를 기대하는 한 민원 대응 시스템은 그냥 하나의 제도일 뿐 제대로 기능하지 못할 것이다.

(3) 악성 민원인에 대처하는 사례

그럼 미국은 악성 민원인에 대해서는 어떤 조치를 할까? 일단 학교에서 '배닝(banning, 학교 접근 금지)'이라는 조치가 내려지면 학부모는 학교 건물에 접근할 수 없다. 학교장이 서면으로 이 정도의 조치를 고지하면 반드시 지켜야 하는 것이 상호간의 원칙이다. 학교의 권위가 이 정도는 되어야 학생을 지도할 수 있지 않을까? 무너진 학교의 권위를 세우기 위해 학교와 교사의 노력도 필요하겠지만, 학교의 권위를 인정하지 않으려는 사회 분위기라면 어떤 제도도 문제를 해결해 주지 못할 것이다.

학부모가 교사에게 업무 시간 외에 지속적이고 교사가 원치 않는 방식으로 접촉할 경우 교사는 이를 교원 노조에 신고하고, 교원 노조 소속 변호사는 학교장과 교육감에게 이 사실을 알리고 적절한 조치를 요구한다. 미국 역시 팬데믹을 겪으며 교직이 위협받고 있다고 한다. 교사의 보수와 대우가 만족스럽지 않고 학생 생활지도가 어려운 점 등 우리나라와 비슷한 난제를 겪고 있는 것 같다. 교사들이 교단을 떠나 미국은 수만 명의 교사 부족 현상이 생겼고, 그 자리는 자격이 부족한 교사들로 채워지고 있다. 미국의 교사 부족 현상은 먼 나라의 이야기가 결코 아니다. 놀라운 사실은 교사가 부족해진 주요 이유가 우리나라와 유사한 면이 있다는 점이다. 총기를 소지할 수 없다는 점이 다를 뿐 학생과 학부모의 폭력으로 인해 교사의 안전이 위협받고 있다는 점은 똑같은 상황이다.

미국의 교권 침해 사례는 양질의 교사를 확보하지 못한 교사 수급 문제와도 관련이 있어 보인다. 현재 젊은 교사들이 교단을 떠나고 있는 우리의 현실을 방치한다면 미국의 교사 부족 현상은 우리나라에도 다가올 미래이다. 이대로 가면 사람만이 자원인 우리나라의 미래는 없다. 교사 자원의 실질적 감소는 공교육의 질 저하로 이어질 것이 자명한 일이다. 더 늦기 전에 공교육 위상 회복, 교권 회복으로 학교와 학생을 구해야 하는 이유다.

2. 캐나다의 교권 보호 사례

캐나다는 우리나라의 「교원의 지위 향상 및 교육활동 보호를 위한 특별법」처럼 교권을 보호하는 법률은 없다. 그래도 기존의 교육법, 인권법, 학교법 등으로 규제를 하고 있다. 뉴브런즈윅 주 교육부에서 공표한 '정책 702조(Policy 702)'는 학생, 학부모, 교직원 모두가 존경받을 권리를 지니며, 서로 정중히 대할 것을 규정하고 있다. '정책 702조'는 긍정적 학습 환경에 관한 조항인데, 모든 사람은 가치 있으며, 교육 당사자 모두를 존중하는 태도를 가지고 안전하고 질서 정연하며 존중받는 학습을 이야기하고 있다.

온타리오 주에서는 교원의 수업권 보장과 안전한 학교를 위해 수업을 방해하는 문제 학생의 관리를 위한 특수교사, 보조교사 및 심리학자의 채용 증가를 요청하고 있다.

캐나다는 학생과 교사의 안전과 신변 보호를 위해 학교장과 행정실이 책임과 역할을 담당하고 있다. 많은 사람들이 알고 있는 것처럼 해외 교육 선진국을 보면 학생의 등하교 시 부모가 픽업 의무를 철저히 이행한다. 만약 부모가 아이의 하교 픽업에 늦는 경우라면 학교 행정실에서 학생을 보호하고 학교장이 마지막까지 학교에 남아 학생의 안전 귀가를 확인한다. 우리나라의 현실에서는 매우 생소한 풍경이다.

캐나다는 학교 행정실이 그야말로 교사들이 좋은 교육을 할 수 있도록 전폭적인 지지와 도움을 주고 있는 것으로 보인다. 출결이나 학교폭력 사건 등 교실 수업을 제외한 모든 업무는 행정실에서 해결한다. 예를 들어, 학교폭력 사건이 발생한 경우 경찰을 부르는 일도 교사가 아닌 행정실이 담당한다. 학생이 아파서 지각, 결석, 조퇴를 할 경우 역시 행정실로 연락하면 된다. 담임교사와의 상담을 원할 경우에도 학교 행정실을 통해 상담 예약을 한다. 그 밖에도 관계자와 접촉하기 원하면 반드시 행정실을 거쳐야 하는 등 그야말로 행정실은 교사를 지원하는 팀으로서 많은 일을 하고 있다.

우리나라도 현재 민원 대응팀을 구성하는 데 행정직원을 포함시키려는 구상을 하고 있다. 하지만 교육에 관여하지 않는 구성원을 민원 대응팀에 포함하여 어떤 역할을 맡길 수 있을지 의문이기도 하고 행정직원들의 반발도 매우 큰 상황이다. 차라리 캐나다의 사례처럼 행정직원 수를 늘려 수업 외적인 지원을 대폭 강화하도록 업무를 조정하는 것이 훨씬 효율적일 것이다. 시기적으로 반드시 필요한 일도 아닌데 정치인과 결탁하여 학교로 끌어들이는 선심성 예산 지원이나 학교의 시설 확충보다 더 중요한 것은 학생과 교사를 실질적으로 지원할 수 있는 학교 인력의 확보다. 겉으로 당장 드러나는 것이 시설이다 보니 시설에 투자하는 것이 외부로부터 인정받기는 쉽겠지만, 교육이란 질 높은 수업을 비롯해 눈에 보이지 않는 소프트웨어적인 분야가 정말 중요하다는 것을 교육 전문가라면 누구나 아는 사실이다.

캐나다에서도 학부모에게 교사의 개인 연락처를 공개하지 않는다. 교사가 학부모에게 연락할 경우는 업무 시간에 학교 전화를 이용한다. 또는 업무용 이메일을 통해 학부모와 소통한다. 교사와 학부모가 상담할 경우는 학교가 홈페이지를 통해 상담 날짜를 공지하고, 학부모는 시간을 선택해 담임교사를 만나 상담할 수 있다. 학급 공지 사항이나 학부모의 요청 사항을 전달하는 소통 창구는 주로 학생의 알림장을 통해 이루어진다.

학생의 알림장을 소통 창구로 활용하는 것은 우리나라에서도 쉽게 적용할 수 있다. 자녀 교육에 관심이 많은 부모는 자녀와 많은 대화를 나누며 학급의 여러 활동을 잘 파악하고 있다. 학부모가 학급 활동을 파악할 수 있는 도구가 바로 자녀의 알림장이다. 알림장을 꼼꼼히 살피는 부모는 자녀와 더 많은 소통이 가능하고 실질적인 지원을 할 수 있다. 감시와 간섭의 시선이 아닌 동반자로서의 진정성 있는 응원과 지지다. 다음 날 수업 준비물을 함께 챙기기도 하고 과제물을 살피며 적절한 조언을 할 수 있을 것이다.

담임교사에게 전화하여 교육과정에 대해 맥락 없는 항의를 하는 부모들을 보면 자녀 교육에 진정한 관심이 있는지 의심스런 경우가 많다. 교사에게 민원을 제기하기 전에 내 아이에게 어떤 도움이 필요한지 부모로서 먼저 성찰해 보는 것이 필요하다. 자녀의 알림장을 살펴보면 자녀의 학교생활에 대해 자연스럽게 정보를 파악할 수 있고 궁금해 하던 의문점이 풀릴 수도 있다.

학교에서 민원 창구를 일원화하면 편리한 점도 있지만 현재 학급에서 운영하는 제도를 잘 활용하는 것도 좋다. 학부모가 시간이 된다고 불쑥 교실로 찾아오는 것보다 자녀 알림장을 통해 학부모가 방문하고자 하는 날짜를 두세 개 제안하여 교사와 상담 시간을 조율, 확정하면 상담 예약이 원활하게 이루어질 것이다.

여기서 한 가지 덤으로 얻을 수 있는 이점이 있다. 알림장은 학생이 기록하고 관리하기 때문에 선생님과 부모님이 자신의 학교생활 문제로 함께 논의하는 일이 있음을 학생도 인지하게 된다. 학교에서 경험한 바에 따르면 학부모 상담 기간에는 학생들이 평소보다 과제를 더 성실히 수행하고 교사의 말을 잘 따른다. 알림장을 통한 상담 예약은 가정에서도 부모와 자녀가 학교생활에 대해 대화할 수 있는 좋은 계기가 될 수 있다.

캐나다에서는 학부모와 교사의 갈등이 발생하면 학교는 어떤 도움을 줄까? 학부모와의 갈등에서 관리자는 방패 역할을 한다. 관리자는 교사를 보호하기 위해 존재한다는 투철한 사명감이 있다. 악성 민원의 경우 '학부모 상담 매뉴얼'에 따라 만남을 진행하고 교사 노조에서 문제해결을 돕는다. 외국은 교직을 노동권을 가진 직종으로 보기 때문에 교사 노조가 활성화되어 있다. 지금과 같은 사회 분위기라면 교사라는 직업은 더 이상 희생과 봉사 정신으로 감내할 자리는 아니다. 교사의 노동권을 보장해 줄 지원이 필요한 시대적 분위기다.

캐나다는 교사가 학생들을 잘 가르치는 일에만 집중할 수 있는 학교 시스템이 마련되어 있다. 우리나라는 교육행정 정보 시스템 관리, 업무 포털 예산안 입력, 체험학습 안내 학부모 문자 발송, 학부모 민원 상대, 학교생활기록부 관리, 학생 전·출입 업무, 학교폭력 건수 발생 현황 교육청 보고, 국회 요구 자료 제출 등이 모두 교사의 업무다. 온갖 행정 업무 이후 남는 시간에 학생을 가르칠 준비를 하는 우리나라의 학교 여건을 생각하면 딴 세상이다.

3. 핀란드의 교권 보호 사례

핀란드는 교사의 수준이 높은 것으로 유명하다. 교사들은 석사 이상의 교육을 받은 우수한 인력이다. 국민들의 신뢰를 받는 핀란드 교사들은 높은 직업 만족도를 갖고 있는데, 2018년 교육노동조합(Opetusalan Ammattijärjestö, OAJ)이 시행한 교원의 근무 환경 조사에서 교원의 만족도는 조금씩 하락하고 있다. 주요 원인 중 하나가 학교에서 발생하는 폭력과 직장 내 괴롭힘이다. 최근 교직이 어려움을 겪고 있는 문제는 전 세계적으로 공통인 것 같다.

핀란드 국영방송 YLE에 따르면, 전체 교원 10명 중 1명의 비율로 학교에서 폭력적인 행동을 경험했다고 한다. 2019년 한 해에만 약 100명이 넘는 교사가 학생의 폭력 행동으로 1~2개월간 질병 휴직을 신청했으며, 이는 폭력 경험 교원의 약 7%에 해당하고 2017년의 5%에 비해 그 수가 증가했다. 교육 선진국인 핀란드 역시 학부모와 학생으로 인한 교권 침해가 증가하고 있다고 하니 이 문제를 핀란드는 어떻게 해결하고 있는지 궁금해진다.

(1) 교권 침해에 대한 강경한 대응

핀란드에서는 교사 개인이 심리적 압력이나 폭행을 당할 경우 상대가 학부모든 학생이든 이를 범죄로 신고하는 것을 불편하게 여기지 않는다. 지역 법정에서는 교권을 침해한 학부모나 학생에게 벌금을 내리고 있다. 학생이라는 이유로 면죄부를 주는 것이 아니라 자신의 행동이 범죄라는 것을 인지할 수 있도록 벌금형을 구형하는 것을 보면 교권 침해에 대응하는 핀란드의 강경한 모습을 볼 수 있다. 특히 성희롱 관련 교권 침해 사례에 관해서는 각 학교에서 구체적인 대응 가이드라인을 만들어 놓고 있다.

먼저 사안이 발생하면 관리자에게 알린 후 함께 문서를 작성하여 '직업안전 보건청'에 보고한다. 필요한 경우 범죄 신고를 하며, 교육노동조합을 통해 변호사를 배정받을 수 있다. 교육노동조합 역시 학교에서 학생에게 언어적 폭력을 당했을 때 15세 미만의 학생은 사회복지국에, 15세 이상의 학생은 경찰에 신고하는 강력한 내부 지침이 있다.

(2) 교원을 보호하는 세 가지 주체

핀란드는 2013년 이후 학생 인권이 존중되는 동시에 상황에 따라 교사의 무력 사용, 소지품 검사 허용 등 교권을 강화하는 방향으로 교육법이 개정되었다. 교원을 보호하기 위해 세 주체가 지원하고 있다.

첫 번째는 '교육노동조합'이 활성화되어 있다.

오랜 전통의 교원노동조합은 교육정책과 지자체 수준의 합의에도 관여하는 영향력을 가지며, 교사의 권리 보호에 앞장서는 강력한 이익 단체이다. 어떠한 정당과도 관련 없는 독립단체로서 전체 교사의 90% 이상이 가입해 있다. 문제 상황 시 자문을 제공해 주며 소속 변호사를 통한 법적인 보호와 법률 절차상의 비용을 부담해 주는 등 적극적인 대처와 지원을 하고 있다.

두 번째로 교원을 보호하는 주체는 '직업안전 보건청'이다.

직업안전 보건청은 근로자의 직업 환경과 조건을 향상시키기 위하여 직업 안전과 보건법 준수를 강화하는 기관이다. 학교에서 근무하는 교사들은 다른 직종에 근무하는 근로자와 동일하게 직장 내 발생하는 폭력에 대해 직업안전 보건청을 통해 도움을 받을 수 있다.

만약 학부모에 의한 권리 침해를 당했을 경우 이는 직업과 관련하여 발생하는 위험으로 간주되어 직업안전 보건청에 보고하면 기관에서 사건 조사에 착수하고, 직업 건강관리 의료 서비스도 연계되어 받을 수 있다. 우리나라의 경우 근로자의 권리 침해에 관한 것은 고용노동부에서 맡고 있지만, 교원은 「근로기준법」에 해당되지 않아 모호한 면이 있다. 교원은 공무상 얻은 질병이나 상해에 관해서는 공무원연금공단의 심의를 통해 공무상 재해 인정 절차를 밟을 수 있는데, 우리나라 교사들이 교권 침해 등으로 인한 우울증, 신경성 질환, 사망까지 이르는 사례들을 공무상 재해로 인정받는 것은 매우 어려운 것이 현실이다. 교권이 무너진 학교 현실을 새롭게 바라보기 시작한 큰 사건이었던 2023년 서이초 교사의 사망 사건 역시 공무상 재해로 인한 사망인 순직으로 인정받지 못한 것이 현재 상황이다. 하물며 여타 다른 교사를 보호하기 위한 장치는 전무하다고 보아야 한다.

세 번째로 교원을 보호하는 주체는 '교권 침해 담당 교장'이다.
교권 침해 증가로 인해 행정적인 교장, 교감만으로 감당이 되지 않아 교권 침해 담당 교장을 임명하여 교권 침해 관련 문제를 전담하도록 하고 있다. 이후 학교는 지자체의 교육부서 담당자에게 보고하여 문제해결에 도움을 받을 수 있다. 필요할 경우 학교는 피해 교사에게 직업 관련 정신 건강 서비스를 제공하기도 한다.

핀란드의 교권 침해 사례를 살펴보았을 때 침해의 유형, 원인 그리고 실태가 우리나라와 크게 다르지 않다. 하지만 사건 발생 시 핀란드에서는 관리자, 교권 침해 담당 교장, 학교 내 노동조합 담당자, 직업안전 보건청 등 다방면의 지원책이 존재한다는 점이 다르다. 교육노동조합의 강력한 지침이 존재하고, 타 직종과 동일한 기준으로 공무상 재해를 인정하고 있는 점, 학교 내 여러 개의 소통 창구를 마련하여 지원하는 점, 학교 담당 정신 건강 서비스 연계 등 국가가 한 명의 교사를 얼마나 소중히 여기고 훌륭한 교육을 제공하도록 뒷받침하고 있는지 잘 보여 준다.

우리나라에서는 학교마다 교권보호위원회가 있지만 교권 침해 사례를 제기하더라도 위원회 개최 여부는 관리자의 의견이 크게 좌우하기 때문에 모든 사례가 교권보호위원회 개최로 이어지지 않는다. 담당 부서의 행정 업무 증가, 학부모와의 분쟁 가능성 등의 이유로 소극적인 결정을 내려 아예 없던 일이 되는 것이 허다하다. 공식적인 위원회 절차를 밟지 않을 시 교권 침해에 대한 인정을 받지 못하므로 어떤 지원도 없고 고통은 오롯이 교사 한 사람의 몫이 된다.

핀란드 역시 교권 침해 사례가 증가하고 있지만, 교권 침해를 겪은 이후에 교사로서의 정체성이 흔들리지 않도록 교사를 보호하고 지원하려는 노력이 매우 적극적이다. 교권 침해 사례 자체를 막기는 어렵지만 교사가 겪은 일에 대해 관련 부처가 적극적 경청, 지지, 지원을 하는 점은 주목할 만하다.

핀란드가 열악한 자연 환경 속에서도 수준 높은 복지국가를 이루고 국민들의 행복지수가 높은 이유는 무엇일까? 우수한 교사를 확보하고, 교사를 존중하는 사회 분위기, 문제를 적극적으로 해결하려는 제도, 상대방에게 피해를 주지 않으려는 깊은 배려의 문화 등 교육의 힘이 매우 크다고 생각한다. 교사의 권위가 존중되지 않으면서 학생에 대한 인격적 지도와 사랑만으로 교단을 지키기는 어렵다.

4. 영국의 교권 보호 사례

영국은 학생이 타인에게 피해를 주거나 재물을 훼손하는 경우 교사의 타당한 물리력 사용을 허용한다. 흉기, 주류, 불법 약물, 도난품, 담배, 화약, 음란물 등 금지 물품을 수색 및 압수할 권한도 교사에게 부여된다. 교사는 해당 학생을 교실에서 내보내는 처분을 내릴 수 있는데, 교사 및 다른 학생의 수업권과 안전을 보호하는 조치다. 문제가 되고 있는 한 학생으로 인해 민원에 시달리며 많은 학생의 수업권에 피해를 주어도 대책이 없는 우리나라와 다른 부분이다. 최근 학교생활 인권 규정을 재정비하며 생활지도 방식을 구체화하고 있지만 현실적으로 미해결된 사항도 많아 얼마나 효과적일지는 여전히 의문이다.

영국의 경우 교권은 법률적 차원에서 기본적으로 보호받고 있다. 법적으로 금지된 체벌을 제외한 각종 근신, 압수, 정학, 퇴학 수준의 훈육적 처벌 권한이 교사 및 학교장 수준에서 보장되고 있다.

영국 역시 학부모 및 학생의 폭력 사례가 빈번히 발생하고 있으며, 법적 기준의 모호성으로 교권 침해 대응에 어려움이 있다. 특히 교사를 공격한 학생의 연령대가 점차 낮아지고 있고, 학생들의 행동 붕괴(behavior meltdown) 현상이 사회문제가 되고 있다. 영국의 교권 보호는 1996년 교육법에 기반을 두었으며, 이후 2006년과 2011년의 개정으로 교권의 법적 근거가 크게 강화되었다.

2006년 개정 법률에 의하면, 학교 방침을 경시하거나 교사의 교육적 지시를 따르지 않는 등 학생의 행동이 부적절할 경우, 교사는 학생에게 훈육적 처벌을 내릴 법적 권한을 가진다.

학교장의 지시가 없는 경우의 교육 권한은 교내 교사 및 보조 교사 모두에게 적용된다. 교사는 교내 및 교외 활동 등 학생을 지도하는 모든 상황에서 훈육할 수 있고, 학교 밖에서 일어난 학생의 부적절한 행동에 대해서도 훈육할 수 있다. 교사는 학교 일과 시간 외에도 학생에게 근신 처분을 내릴 수 있고, 학생의 물건(칼, 무기, 술, 마약, 절도품, 담배, 불꽃놀이, 성인잡지 등)을 압수할 수 있다.

또한 2011년 개정 법률에서는 교사의 훈육적 처벌권이 보다 강화되었다. 교사는 수업 활동을 따르지 않거나 교내외 학교 활동 운영을 방해하는 학생을 교실 밖으로 내보내고 근신 조치를 취할 수 있으며, 학교장은 정학 및 퇴학을 결정할 수 있다. 영국의 교사 단체도 교사의 교육활동 침해 사례에 대한 대응 방침을 강구하여 지원하고 있다.

5. 독일의 교권 보호 사례

독일의 교사는 학생을 가르치고 평가하는 부분에 있어서 확실한 권한을 인정받는다. 독일에서는 학업성취도 평가가 2개 부분으로 나뉘는데 하나는 '학업성취도' 점수이고, 다른 하나는 '행동발달' 점수이다. 학업성취도 평가에는 수업 시간 발표와 수업 시간 협력 자세, 정리정돈, 친구 존중 등 행동발달 영역도 포함되기 때문에 한 학기 크게 두 번 보는 평가 시험과 쪽지 시험 외에 세분화된 정성적 평가에 교사의 주관이 개입될 수밖에 없다. 그러나 교사의 평가권이 철저히 인정되는 사회 분위기이므로 학부모 역시 신뢰와 존중으로 교사의 평가 결과를 수용한다.

독일에서는 교사에게 거세게 항의해서 자기 아이가 더 나은 대접을 받는 경우는 절대 없다는 것을 학부모들이 잘 알고 있다고 한다. 특별한 경우가 아니고서는 학기 중 학교를 바꿀 수 없기 때문에 학교에 항의하는 일을 쉽게 생각할 수 없다. 잘못했다가는 아이를 데리고 학교를 떠나야 할 상황에 맞닥뜨리기도 하므로 깊이 고민해야 한다. 함부로 나서기보다 좀 더 협력적이고 합리적인 협의를 추구하기 위해 학부모도 노력할 수밖에 없다.

독일 역시 담임교사에게 상담을 요청할 경우 개인 번호로 연락하는 것은 불가하다. 학부모는 학교에 공식적인 상담 요청을 해야 하며, 교사와 상호 합의된 시간에 학교를 방문한다. 학부모의 방문 기록은 상호 서명을 통해 공식적인 기록으로 남는다. 학부모와 상담 시 가능한 한 담임, 부담임이 함께 참석한다. 상담 내용과 분위기를 보다 객관화하기 위한 장치로 보인다.

교사는 학생의 학교생활의 문제점을 핵심별로 정리해 두고 근거 자료와 함께 상담에 임한다. 독일은 한 학생을 6년 동안 같은 교사가 맡는 일이 많아 학생에 대한 파악이 철저하고, 학생 진로에 대한 교사의 판단을 학부모가 신뢰한다. 교사의 전문성과 권위를 인정하는 사회 분위기가 조성되어 있는 것이다.

독일은 교육적 조치와 규제적 조치를 규정하고 있다. 수업권 침해 행위에 대한 경고, 해당 학생 및 학부모와의 상담, 수업에서 제외 등 징계권을 교사가 자체적으로 즉시 행사할 수 있다. 교사의 권한이 상당히 높은 편이다. 이런 조치 이후에도 교권 침해가 지속적으로 발생하면 학급 이전, 퇴학 등의 조치가 가능하다. 이에 대하여 교사가 단독으로 결정할 수는 없으나 교장, 교사위원회에서 임명한 소회의, 상급학교 감독청이 권한을 갖는다. 소회의 구성원은 담임교사, 학년 대표 교사가 포함된다.

모든 학교는 학교법에 따라 교권 보호를 위한 교사위원회를 두며, 교육 현장에서 발생하는 사건 사고의 위험은 개인의 문제로 넘기지 않고 국가와 지역사회 및 학교가 함께 책임지도록 한다. 원리, 원칙을 중시하는 독일인 특유의 태도, 사회가 각 분야 전문가의 권위를 인정하는 모습은 결코 낡은 관습이 아니라 공동체의 질서와 평화를 유지하기 위한 그들만의 노력임을 알 수 있다.

6. 일본의 교권 보호 사례

일본은 다른 학생의 교육에 방해가 된다고 인정되는 학생이 있을 때 교실 내 질서 유지와 다른 학생의 학습권 보장을 위해 해당 학생의 출석 정지를 명할 수 있도록 규정하고 있다. 문부과학성은 출석 정지 제도는 문제를 일으킨 학생에 대한 징계가 아니라, 학교의 질서를 유지하고 다른 학생의 의무교육을 받을 권리를 보장하기 위함이라고 언급하고 있다. 출석 정지에 대한 기록은 우리나라의 학교폭력 징계 학교생활기록부 기재와 유사한 장치로 보이며, 이는 학생에 대한 강력한 지도 방안이라고 여기는 것 같다. 다만, 일본은 일정 정도까지는 학교 내에서 교육적인 방법으로 지도하고, 이후에는 외부 기관과 연계, 더 심하면 모든 처분을 학교 밖 기관에 위임하는 것이 우리나라와 다르다.

수업권 침해에 대해서는 문제 행동을 5단계로 나누어 레벨 1부터 5까지 규정하고 있다. 레벨 1은 관리직에 보고 후 주의 지도 실시, 레벨 2는 전체 교원이 내용을 공유하고 지도 개선, 레벨 3은 경찰이나 관계 기관에 연계하여 교내 지도, 레벨 4는 교육위원회가 주도적인 역할을 맡아 학교 규칙에 따라 출석 정지 후 경찰 등과 연계하여 학교 밖 지도, 레벨 5는 학교 교육위원회로부터 경찰, 복지기관 등 외부 기관으로 대응의 주체가 옮겨질 수 있도록 하고 있다.

일본도 우리와 마찬가지로 학부모가 교사에게 지나치게 자기중심적인 요구를 반복하는 괴물 부모(Monster Parents) 현상이 교사의 교육권 및 인권을 침해하고 있다. 비상식적인 요구와 밤낮없이 교사에게 연락하는 무례한 학부모 때문에 교사가 수업이나 교재를 준비하고 지도할 시간을 빼앗기며, 개인의 사생활까지도 침해받고 있다. 우리나라와 매우 유사한 상황이다. 일본에서는 학부모가 위압적인 태도나 거친 행동을 보일 경우 위력에 의한 업무방해죄가 적용될 수 있다. 교사는 학부모에게 조용히 말하도록 요구할 수 있으며, 무례한 행동이 지속될 경우 관리 직원을 부르거나 경찰에 신고할 수 있다.

일본은 우리나라보다 30년 이상 앞서 교권 붕괴를 겪어 왔고, 아직도 진행 중이다. 일본 문부과학성에 따르면 2021년 정신질환으로 휴직한 공립학교 교사가 역대 최대인 5,897명에 이르고, 학생과 학부모로 인한 스트레스 등으로 교사가 직면한 어려운 현실이 알려지면서 교사가 기피 직업으로 인식되어 만성적인 교사 부족에 시달리고 있다. 미래에 닥칠 우리나라의 교육 문제가 될까 우려가 크다. 일본이 학부모 민원에 대한 책임을 학교와 교사에게 미루고 정부와 교육청은 개입하지 않는 정책으로 사태를 악화시켰던 전철을 밟지 않아야 할 것이다. 학부모 민원을 학교장과 교육청이 담당하고, 정부는 교권을 보호하는 법 개정과 지원으로 혁신해야 실패한 일본의 전철을 밟지 않을 수 있다.

　일본 교육정책에서 주목할 점은 교권 침해 예방을 위한 활동이다.
　첫째, 교사 자신이 스스로 정신 건강을 회복하기 위해 정신과 상담, 정신 건강 자기 관리, 스트레스 해소 등의 '셀프 케어'를 한다.
　둘째, 교직원 상황 파악과 조기 대응, 교무분장의 적절한 실시와 소집단에 의한 케어, 교장의 지원, 학부모 관련 문제에 대응하는 부서가 있다.
　셋째, 업무 감축과 효율화, 상담 체제 활용, 정기 상담 실시 등 교사의 교육활동 제반 여건을 긍정적으로 도와줄 수 있는 직장 환경을 정비하고 있다. 사안이 발생하기 전 교사를 보호하려는 준비와 노력이 주목할 점이다.

　위에서 살펴본 것처럼 교육 선진국은 학생의 인권만큼이나 교권도 확실히 보호한다. 교사의 교실 내 질서 유지권, 물리력 행사 허용 등을 명시적으로 규정하고 운영하는 국가가 많다. 미국 캘리포니아 주법에서는 학생이 수업을 방해하거나 지시에 따르지 않을 경우 최대 2일간 수업에 들어오지 못하게 할 권리가 있다. 또한 학생의 폭력 기록에 대해 알 권리, 학부모 방문에 대해 미리 고지받을 권리, 학생에 대해 최종 평가할 권리, 교사가 학생을 훈육하고 안전할 권리 등을 법으로 보장한다.

　늘어나는 악성 민원이 사회문제가 된 차제에 민원 대응 시스템 정비는 물론 교사의 역할에 대한 제고가 필요하다. 또한, 그 어떤 학교 시스템보다 중요한 것은 학교 관리자의 책임과 역할에 대한 인식이다. 관리자가 필요한 이유가 무엇인지 성찰과 숙고가 필요하며, 각자의 독립된 역할을 충실히 이행하는 것이 선행되어야 개정된 제도가 효과를 발휘할 수 있을 것이다. 또, 교사와 학교가 원팀으로 인식될 수 있는 철저한 협력, 그리고 모든 문제해결의 중심을 학생의 성장을 돕는 것에 두어 접근한다면 진정성 있는 소통과 문제해결이 가능하리라 생각된다.

공교육을 바로 세우기 위한 노력

우리나라 교사들이 행정 업무, 학부모 민원 및 학교폭력 등으로 다른 나라 교사에 비해 과도한 업무 부담을 지고 있다는 사실은 국제 교육통계에서도 드러난다. 2019년 OECD가 발간한 〈교수 및 학습에 관한 국제 조사(Teaching and Learning International Survey)〉 보고서에 의하면 스트레스 요인으로 '수업 준비'를 꼽은 한국의 초등 교사는 8.9%에 그친 반면, '행정 업무(42.4%)' 또는 '학부모 민원 대응(48.3%)'을 꼽은 초등 교사는 5배에 이른다. 더욱 놀라운 사실은 '학생으로부터의 협박이나 언어 폭력'이 스트레스의 가장 큰 요인이라고 답한 교사가 21%로, 조사 대상 18개국 중 1위를 차지했다는 점이다.

2023년 교육부 자료에 의하면 지난 수년간 시도 교육청의 교육 재정이 2배 가까이 증가하고, 학급당 학생 수가 감소하는 등 공교육의 여건은 크게 개선되었으나 학생들이 수업에 흥미를 잃고, 사교육에 과도하게 의존하는 등 공교육의 질은 전반적으로 하락한 것으로 보고 있다.

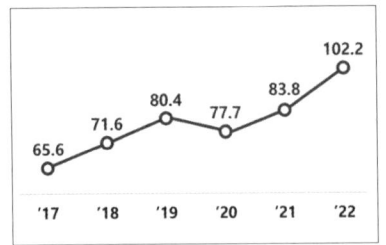

지방 교육 재정(조원) 추이('17~'22)

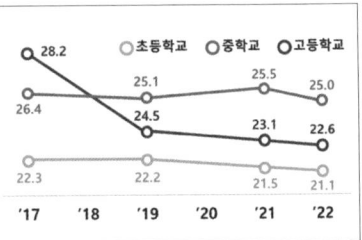

학급당 학생 수(명) 추이('17~'22)

전수 평가로 실시하던 학업성취도 평가를 2017년에 표집 평가로 전환한 이후 기초학력 미달 비율이 3배가량 크게 증가하였고, OECD 국제학업성취도평가(PISA) 결과에서도 읽기 성적 및 국제 순위가 하락하는 등 학생들의 전반적인 학업 성취수준이 하락한 것으로 발표했다.

또한, 학생들의 학교생활 만족도 역시 하락하였으며, 행복 수준 역시 낮아지고 있다. 청소년 건강 행태 조사에 의하면 청소년 우울감 경험률은 2015년 23.6%, 2017년 25.1%, 2019년 28.2%, 2021년 26.8%, 2022년 28.7%로 늘고 있다.

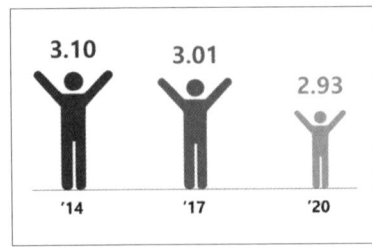

학교생활 만족도('14~'20, 여성가족부)

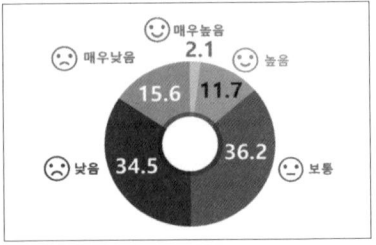

고등학교 학생들의 행복 수준('22 KEDI)

이번에는 2018년 OECD의 국가별 교사의 주당 행정 업무 시간을 살펴보자. OECD가 수행하는 〈교수-학습 국제조사 연구(Teaching and Learning International Survey, TALIS) 2018〉에 따르면, 우리나라 교사들이 인식하는 주당 평균 행정 업무 시간은 5.4시간으로 OECD 평균인 2.7시간 대비 약 2배 높게 나타났다. 또 행정 업무 이외에도 학생 상담, 학교 운영 참여, 학부모 상담 등 수업 이외 업무에 할애되는 시간이 OECD 평균보다 많다고 교사들은 답했다. OECD 평균보다 많은 행정 업무로 교원이 수업지도와 생활지도 등 본질적인 교육활동에 집중하지 못하고 있으며, 교권 침해 등으로 학교 현장 교원의 교직에 대한 만족도가 지속적으로 하락하고 있다.

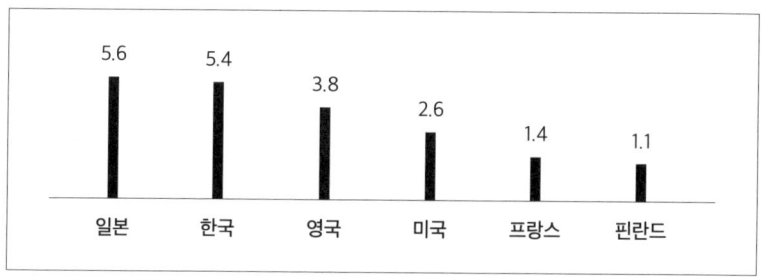

국가별 교사의 주당 행정 업무 시간

더 이상 교사가 희생될 수 없다는 교사들의 거센 목소리로 마침내 '교권 보호 4법(「교원의 지위 향상 및 교육활동을 위한 특별법」, 「초·중등교육법」, 「유아교육법」, 「교육기본법」 개정안)'이 국회 교육위원회를 통과했다. 무분별한 아동학대 신고로부터 교원을 보호하고, 권리와 책임 간 균형을 위해 보호자에게 의무를 부여한 것, 그리고 정부의 책무성과 행정 지원 제도를 강화한 것은 다행스러운 일이다. 그렇다면 이런 법 개정과 지침으로 무너진 공교육은 회복될 수 있을까? 공교육을 살리기 위해 어떤 노력이 뒷받침되어야 할지 생각해 본다.

1. 우수한 교사 확보

교육부에 따르면 2022년 3월부터 2023년 4월까지 퇴직한 근속연수 5년 미만 초·중·고 교원은 589명으로 전년 대비 2배 가까이로 늘었다고 한다. 교육의 질은 교사의 질을 넘지 못한다고 했다. 가르치는 일을 좋아하고, 창의적이며, 젊고 유능한 교사들이 교단을 떠나지 않도록 해야 한다. 교권 침해 사례로부터 교사를 철저히 보호하는 일은 물론이고, 현재 OECD 평균을 밑도는 교사 초임 연봉과 수당 체계도 재정비해야 한다. 물가 상승률조차 반영하지 못하는 교사 임금과 20년째 동결된 수당이 근로 의욕 저하와 초임 교사의 업무 과중을 초래해 교육 현장 정상화에 걸림돌로 작용하고 있다. 우수한 교사 확보는 안정된 교육 여건과 교사 처우 개선에 달려 있다.

2. 교사의 행정 업무 분리

교육부는 수년 전부터 행정 업무 경감 대책을 발표해 왔다. 그러나 교육부가 새로운 정책을 발표할 때마다 오히려 교사의 공문 처리와 업무량은 더 증가하기만 했다. 행정 업무 경감 대책만으로는 안 된다. 교사로부터 행정 업무를 아예 분리해야 한다. 교사는 교육과 연구, 생활지도에만 전념하고 행정 업무는 지원팀의 직원들이 담당하도록 해야 한다. 2018년 기준, 우리나라 교사들의 주당 행정 업무 시간은 평균 5.4시간으로 OECD 평균인 2.7시간보다 2배가 높다. 지금처럼 교사들이 행정 업무에 시달려 학생 지도를 위한 연구에 시간을 할애할 수 없는 환경에서 공교육을 살리기는 어렵다.

3. 학생의 소질과 적성에 맞는 교육을 위해 다양한 교육 선택 기회 확대

2018년 한국 성인(25~64세) 중에서 대학 이상의 학력을 가진 고등교육 이수율은 49.0%로 OECD 평균보다 높고, 특히 청년층(25~34세)은 69.6%로 2008년 이후부터 OECD 1위를 유지하고 있다. 그러나 대학 진학률은 높지만 대학 졸업이 개인의 삶에 만족감을 안겨 주지는 못하는 현실이다. 어려운 가정 형편에 학자금 융자까지 받아 대학을 졸업하지만 취업은 어렵고 오히려 대학 4년 동안 학비와 용돈으로 빚만 잔뜩 안게 되는 청년들의 삶은 우울하기만 하다.

국가에서 특수목적 고등학교(외국어고, 국제고, 과학고, 체육고, 예술고, 마이스터고)와 특성화 고등학교(멀티미디어, 인터넷, 관광, 기술, 미용)의 원래 설립 취지를 살려 굳이 대학에 진학하지 않더라도 자신에게 맞는 일을 하며 행복하게 삶을 영위할 수 있는 기회를 주어야 한다. 특정 분야의 인재 양성을 목적으로 한다는 본래 취지를 살려 개인의 소질과 적성에 맞는 길을 찾아 사회에서 제 몫을 할 수 있도록 도와야 한다.

공교육을 살린다는 것은 대한민국 유치원부터 대학까지 모든 학교가 획일적인 목적이 아닌 다양한 삶의 진로를 모색하도록 돕는 역할을 제대로 하는 일이다. 좋은 대학에 진학하는 것이 청소년기 공부의 최종 목표가 아닌, 좀 더 행복하게 살아가기 위해 나를 탐구하고, 다양한 경험을 하며 좋아하는 일을 찾도록 돕는 교육이 되어야 한다. 그러기 위해 정부에서는 학교교육에 다양성과 자율성을 주어야 하며, 공교육을 살리기 위한 제반 지원을 아끼지 않아야 한다.

4. 교육부와 교육청은 지원팀으로서의 기능 강화

해외 교육 선진국에서는 학교 현장을 지원하기 위해 교육청이 기능하고 있다면, 우리나라에서는 관리·감독으로서의 역할이 더 강하다. 물론 교육청도 예전보다는 탈권위적이고자 노력하고 교육 서비스의 비중을 높이고 있으나 역할의 질적인 제고가 필요하다. 창의적 인재 양성을 강조하고 있는 4차 산업혁명 시대의 교육은 지역교육청이 먼저 기존 방식을 탈피한 창의적 발걸음을 내디뎌야 가능할 것이다.

교육청 데이터베이스를 활용해 단위 학교에 자료 제출을 요구하는 대신 교육청에서 직접 처리할 수 있는 시스템을 구축해야 한다. 이렇게 한다면 교사의 행정 업무 시간을 대폭 줄일 수 있을 것이다. 교육청은 직속 기관의 업무와 인원 조정으로 학교 현장을 내실 있게 지원할 수 있도록 체제를 정비해야 한다. 또한 학교 행정실 역시 행정 전담 기구로서 교사를 지원하는 역할에 집중해야 한다. 학생에게 교사를 돌려주려면 획기적인 행정 업무 분리 정책이 시급히 도입되어야 한다. 교사는 수업과 학생 지도에 충실할 수 있도록 하고, 지원팀은 교사가 행정 업무를 하지 않도록 하여 각 영역이 그야말로 전문화되어야 한다.

또, 학교폭력 사안, 교권 침해나 악성 민원 발생 시 단위 학교로부터 경과를 보고받을 일이 아니라 교육청이 적극 중재와 신고 등 문제해결을 위해 나서야 한다. 교권 침해 사안 발생 시에는 교권보호위원회를 열어 교사를 방어하고, 회복을 돕는 체계적 시스템을 교육청이 갖고 있어야 한다. 교육청이 이런 지원을 하려면 당연히 인력 확보와 많은 예산이 필요할 것이다. 공교육 바로 세우기는 적재적소의 인력 관리와 효율적인 지원을 위해 예산을 수립하는 것부터 시작해야 한다.

5. 단위 학교에 더 많은 자율권 부여

지역과 학교마다 특수성이 있고 여건이 다름에도 불구하고 학교는 운영의 다양성보다 통일성을 더 요구받고 있다. 매일 쏟아지는 공문은 학교 자치 역량을 인정하기보다 일사불란한 행정을 요구하고 학교의 자율적인 업무 처리 반경을 좁게 만든다. 이런 현장의 어려움을 알고는 있는지 교육청은 매주 '공문 없는 날'을 별도로 지정, 운영하고 있지만 오히려 다음 날에 하루 동안 밀린 공문으로 인해 더 많은 공문이 쏟아지는 상황이다.

학교에 자율권을 부여한다는 의미는 개별 학교의 실질 권한이 확대되어 학교 고유의 자치 역량을 발휘할 수 있게 해 주는 것이다. 모든 학교가 한 방향의 지향점을 두고 펼치는 교육이 아니라 다양성을 존중하는 교육, 개별성을 존중하는 교육으로 나아가는 길이다. 정부는 학교 기본 운영비 편성의 자율성 강화, 학부모 학교 참여 활성화, 학교폭력 예방과 교육적 해결의 내실화, 교육과정 자율화 확대 등 전반적으로 교육공동체의 주체성이 살아날 수 있도록 지원해야 한다.

우리 미래 교육이 학생들의 창의성 함양을 지향한다면 학교와 교사에게 지금보다 더 많은 자율권을 주어야 가능한 일이다. 학교의 자율권 부여는 학교가 지역 여건을 기반으로 한 다양한 교육 프로그램을 제공하여 창의적·민주적 학교문화, 참여와 실천의 시민역량 강화로 이어질 수 있다. 이것이 바로 공교육을 바로 세우는 길이다.

한 나라의 미래를 알려면 학교를 보라는 말이 있다. 학교가 얼마나 창의성을 추구하는지, 교사가 얼마나 행복한 마음으로 열정을 발휘하는지 하루만 관찰해 보면 나라의 미래를 짐작할 수 있다는 말이다. 이를 기준으로 한다면 우리나라의 미래는 정말 참담하고 암울하다. 교육의 최전선에서 교육의 성패를 가름하는 사람은 교사다. 그러므로 교사의 성공과 행복은 곧 학생의 성공과 행복으로 이어지며, 이는 교육의 성공이라고 해도 과언이 아니다. 행복한 교사가 있는 행복한 교실에서 우리 아이들이 성장하도록 국가적인 지원과 관심이 절실하다.

존엄의 언어가 지배하는 교실

독일유럽연구센터 소장인 김누리 교수는 《코로나 사피엔스》에서 '존엄성 사고'에 대해 언급한 바 있다. 그동안 한국 사회를 지배해 온 '수월성 사고'는 이제 '존엄성 사고로' 바뀌어야 하며, 중요한 건 경쟁에서 승리하는 것이 아니라 인간의 존엄을 지키는 것이라고 강조한다.

수월성 사고는 실력주의, 능력을 평가의 준거로 삼은 것이고, 존엄성 사고는 모든 인간의 존엄성을 동등하게 보는 관점이다. 자원이 부족한 우리나라가 가난하고 어려운 경제 상황 속에서도 교육에 매진했던 이유는 사람만이 유일한 자원임을 모두가 잘 알고 있었기 때문이다. 그 결과 우수한 인재들이 많이 배출되었고 우리는 세계에서 유사 사례를 찾기 어려운 고속 성장을 이루어 냈다.

목표, 성장, 발전을 우선순위에 두고 달려오다 보니 그동안 우리가 놓치고 있었던 많은 것들이 사회문제로 드러나고 있다. '내 아이가 상처받지 않아야 한다.'라는 강박관념에 부모는 자녀 문제를 차분히 생각하고 해결하는 여유를 갖지 못한다. 타인에 대한 배려와 공감보다는 철저히 이기적인 사고의 틀에서 움직이다 보니 친구도, 선생님도, 학교도 자녀 문제에서만큼은 고려의 대상이 되지 못한다. 학교마다 학교폭력 사안, 학부모 간 소송이 벌어지고, 급기야 이런 모든 문제는 교사의 잘못으로 귀결되어 교실은 상처로 얼룩진다.

내 자식의 고통과 상처를 살피는 것이 부모에게는 너무나 중요한 일이다. 그러나 사안의 경중을 잘 보아야 한다. 교사와 학부모가 협력하여 아이를 도우면 충분히 좋은 성장의 기회가 될 수 있는 문제도 부모의 자존심 대결이 되는 일이 너무 많다. 내 아이의 건강한 성장을 목표에 둔다면 문제를 해결하는 방법에 훨씬 폭넓게 접근할 수 있을 것이다.

학교는 작은 사회다. 힘센 친구가 있고, 힘이 약한 친구도 있다. 습득력이 빠른 학생이 있고, 느린 학생도 있다. 타인을 먼저 배려하는 친구가 있고, 자신의 목소리를 높이는 아이들도 있다. 이런 모든 성향이 공존하는 10평 남짓한 공간에서 교사와 학생은 학교생활을 영위하고 있다. 이렇게 다양한 아이들을 교사는 어떻게 이끌어 가야 할까?

4차 산업혁명 시대, 인공지능이 수업에 도입되는 시대에 이제 우리는 교육의 수월성을 강조하기보다 다양성을 존중하는 성숙한 교실 문화로 바꾸어 가야 한다. 존재 자체로 사랑받고 인정받는 공동체, 서로에 대한 배려와 존중의 문화 속에서 자란 학생들이 많아져야 우리 사회 구성원의 행복감도 점차 상승할 수 있다.

각자의 개성과 능력이 다양함을 받아들이고 상대에 대한 이해와 배려가 바탕이 된다면, 학생들의 행복지수도 상승하고 학교폭력 문제도 훨씬 줄어들 수 있다. 경쟁적인 교실 문화를 환기하여 빠른 속도로 변화하는 세상에서 행복한 공존을 위해 존엄성이 지배하는 교실 환경을 만들자. 이 일에 교육의 모든 주체는 지혜를 모으고 연대해야 한다.

20세기 상대성이론으로 과학의 획기적인 발전을 선도한 아인슈타인 (Albert Einstein)은 다음과 같은 말을 남겼다. "모든 사람은 천재다. 하지만 나무를 얼마나 잘 타고 오르는지로 물고기의 능력을 평가한다면, 물고기는 평생 자신이 형편없다고 믿으며 살아갈 것이다." 아인슈타인은 어린 시절 학습부진아로 분류될 만큼 능력과 장래성에 의심을 받았다. 하지만 어머니의 격려, 헌신적인 맞춤형 가정교육과 독서를 통해 훗날 천재성을 발휘하게 되었다. 힘을 잃은 공교육에 대해 많은 생각이 드는 요즘 인류의 석학이 던진 한마디가 새삼 큰 울림을 준다.

학생과 학교를 살리는 교육은 결국 '다양성 인정'에 대한 문제다. 똑같은 자를 대며 줄 세우는 교육으로 시작도 해 보기 전 좌절감부터 안기는 경쟁 교육에서 벗어나 존엄성 교육, 다양성을 인정하는 교실로 나아가야 할 때다. 우리 각자의 존재 자체로 존엄함을 인정받을 수 있는 성숙한 사회 분위기 조성이 우선되어야 한다.

수월성 사고는 효율적이고 목표 지향적이나 조급함과 상대적 우월감을 안겨 누구도 행복하지 않은 사회를 만들었다. 다양한 개성을 지닌 모든 구성원이 존엄성을 갖고 있음을 인정하고, 그들과 내가 함께 행복해야 한다는 것을 받아들인다면 우리 사회가 지금보다는 평온한 환경을 유지해 나갈 수 있을 것이다. 우리 교실이, 사회가 다양성과 존엄성을 깊이 받아들인다면 경쟁 문화로부터 벗어나 조금은 더 인격적인 만남이 가능하지 않겠는가.

아주대학교 심리학과 김경일 교수는 진화라는 개념에서 경쟁력보다 공존력이 더 강력한 역량이라고 말한다. 지난 수만 년, 수십만 년 인류 역사를 되짚어 보면 경쟁에서 남을 이기려는 능력을 가진 자보다 공존하고 포용하면서 원원하는 역량을 가진 사람이나 문화가 오래 살아남았다는 것이다. 생물이 생존하는 데 가장 강력한 무기가 '공존력'임을 받아들인 다면 우리는 안정적인 삶을 살기 위해 서로를 지금보다 더 잘 지켜내야 한다. 우리가 생각하는 것보다 사회는 촘촘히 연결되어 있고, 서로 깊은 영향을 주고받는다. 필자는 공존력을 존엄력으로 대치해 본다. '존엄이 지배하는 교실과 사회가 윈윈하며 오래 살아남는다.'

선생님에게 권위를 돌려드리자

'권위'의 사전적 의미는 '남을 지휘하거나 통솔하여 따르게 하는 힘' 또는 '일정한 분야에서 사회적으로 인정을 받고 영향력을 끼칠 수 있는 위신'으로 정의하고 있다. 즉, 어떤 사람의 말이나 행동이 효과적으로 발현되고 실현되기 위해 꼭 필요한 것이 권위다.

권위를 의미하는 영어 단어 'authority'는 라틴어 'auctoritas'에서 유래했다. auctoritas는 대중을 이끌 수 있는 힘의 원천인 '명성'을 의미한다. 이는 대중을 자신의 의도대로 움직일 수 있는 영향력으로, 로마 시대 리더가 반드시 지녀야 할 덕목이었다.

고전문헌학자 배철현 교수는 권위는 외부로부터 주어지는 것이 아니라 내부로부터 은근히 생기는 것으로, 자신이 할 수 있는 일에 몰입할 때 슬며시 등장한다고 했다. 이런 권위를 가진 사람은 긍정적이고 친절하며 주위에 있는 사람들이 자연스럽게 그의 말과 행동을 주시하고 따르게 될 것이라고 한다.

교사에게는 이런 긍정적 권위가 반드시 필요하다고 생각한다. 흔히 권위라고 하면 딱딱하고 다소 고압적인 느낌이 들기도 하는데, 우리 사회에서 권위에 대한 의미가 너무 부정적으로 사용된 면이 있기 때문인 것 같다. '권위적'이란 말과 '권위'는 품사가 다른 외관상의 모습을 넘어 하늘과 땅만큼 함의하는 바가 다른 단어다.

자신의 위세를 불필요하게 내세우며 우쭐대는 사람들은 대부분 권위적일 확률이 높다. 반면 권위는 리더라면 반드시 지녀야 할 덕목에 가까우며, 자신에게 맡겨진 임무를 묵묵히 행할 때 저절로 뿜어져 나오는 것이다. 따라서 아이들을 위해 자신의 소임과 교육 열정을 다하는 교사에게 권위는 절대적으로 필요한 소양이다.

언제부터인지 우리 사회에서 교사는 '극한 직업'이란 자조 섞인 목소리가 들린다. 교사의 권위가 하루가 다르게 추락하고 있다. 많은 인구가 교직에 종사하고 있는 만큼 교직 사회에도 다양한 사람들의 군상은 존재하기 마련이다. 그럼에도 불구하고 교사가 도덕적으로 지탄받을 일이 일어나면 정말 커다란 뉴스가 되고 만다. 그만큼 우리 사회에서 교사에 대한 기대가 높기 때문이다. 그러나 한두 명의 일탈이 마치 교사들 대부분이 그런 흐트러진 도덕의식을 갖고 있는 것처럼 확대 해석되는 것은 참 불편하다. 어찌 보면 사회 전체의 권위가 다 떨어졌기 때문에 사회의 한 구성원인 교사 역시 권위가 추락할 수 있다는 산술적 가늠은 충분하겠다고 위로할 수 있지만, 교사의 권위가 떨어질수록 피해를 입는 것은 결국 학생들이기에 더욱 안타깝다.

대한민국은 사람이 자원인 국가다. 좋은 시민, 인재를 양성할 책무가 있는 교사를 지켜 내지 못하면 우리나라의 미래는 없다. 선생님의 권위를 믿고 따르며 성장하는 학생들이 많아야 우리 사회는 앞으로 나아갈 수 있다. 교사의 권위를 지켜 주지 않는 사회에서 아이들이 건강하게 성장하기는 어려운 일이다. 물론 교사 자신의 끝없는 성찰로 스스로의 권위를 지켜 내기 위해 고군분투해야 함은 다른 영역이다. 우리 사회 모두가 '선생님 지키기'에 힘을 모아야 할 것이다.

 멘토란 활력을 주는 사람, 길을 닦아 주는 사람, 문을 열어 주는 사람, 가능성을 열어 주는 사람이라고 했다. 우리 선생님들이 아이들에게 진정한 멘토가 될 수 있도록 권위를 돌려드리자. 내 아이의 정신적 성장을 돕는 선생님께 고유한 권위를 인정해 드리는 것은 곧 내 아이의 성장과 직결된다. 건강한 교육적 성장이 이루어지도록 우리 선생님과 아이들을 지켜 내자.

갑질 문화에서 벗어나자

위키백과에는 '갑질'을 다음과 같이 정의하고 있다.

"갑질은 계약 권리상 쌍방을 뜻하는 갑과 을의 관계에서 상대적으로 우위에 있는 '갑'에 특정 행동을 폄하해 일컫는 '~질'이라는 접미사를 붙여 부정적인 어감이 강조된 것으로 2007년 이후 대한민국 인터넷에 등장한 신조어. 즉, 상대적으로 우위에 있는 자가 우월한 신분, 지위, 직급, 위치 등을 이용하여 상대방에게 오만무례하게 행동하거나 이래라저래라 하며 제멋대로 구는 행동을 말한다."

직장 내 괴롭힘, 교사에 대한 학부모의 악성 민원, 손님의 무리한 요구, 무분별한 민원인의 폭언까지 우리 사회 곳곳에서 갑질로 인한 문제가 끊이지 않고 있다. 언제부터 시작됐는지 특정할 수 없는 이 갑질이 이제는 학교 사회를 점령한 것이다.

교사와 학부모의 관계는 결코 갑과 을의 관계일 수 없다. 학부모와 교사는 학생을 중심으로 공동 협력해야 하는 동반자적 관계이다. 그런데 최근 학교 사회에 번지고 있는 갑질은 교사와 학생을 병들게 하고, 우리 사회 전체의 암울한 그림자가 되고 있다.

어느 중학교 중간고사 이후 학부모가 민원을 제기했다. 영어 문제에 대한 오류를 지적한 일이다. 여기까지는 상식적인 민원 제기였다. 그런데 최초의 민원 제기 이후 문제를 출제한 영어 선생님은 문제의 오류가 아님을 학생과 학부모에게 설명했는데 민원인의 반응은 그 이후부터 돌변했다. "내가 대학 영문과 교수다. 오류를 인정할 때까지 전화하고 끝까지 해결할 거다. 각오하시라."라고 협박했다는 내용이다.

중간고사 문제에 설사 오류가 있었다 하더라도 학부모가 교사에게 이렇게까지 이야기할 일인가? 문제를 보는 관점에 따라 모호한 부분이 있었을 수는 있다. 설령 그렇다 하더라도 영문과 교수님 학부모의 언행은 갑질이다.

부모가 교사에게 이런 언행을 하고 있는 걸 자녀가 지켜본다면 어떤 마음이 들까? 그 부모는 자녀의 마음을 한 번이라도 생각해 보았을까? 필자가 그 학부모의 자녀라면 이런 상황을 지켜보며 무력감을 느꼈을 것 같다. 이 민원인의 태도는 자녀를 올바로 키우는 부모의 태도에서 한참 빗나갔다.

요즘 우리 사회는 학부모가 자녀의 대학교수에게도 전화해서 "우리 애가 수강 신청을 못 했는데 강의를 듣게 해달라."며 민원을 넣는다고 한다. 어느 회사에서는 직원의 부모가 상사에게 전화해서 "애가 일 때문에 너무 스트레스를 받는다. 일을 너무 많이 시키는 거 아니냐?"고 항의했다고 한다.

'헬리콥터맘', '알파맘'은 자녀에 대한 관심과 사랑이 지나쳐 성인이 되어서도 자신의 영향권 안에 자녀를 두고 일일이 간섭하며 독립된 개체로 인정하지 못하는 병리 현상을 보인다. 이런 정서로 자녀를 키우는 부모는 자녀가 친구와 다투고 집에서 짜증을 내면 자녀와 대화하며 갈등을 풀어 나가도록 조력하는 게 아니라 그런 친구와는 놀지 말라고 상대방을 무시하고, 친구 부모에게까지 전화해 자녀 교육을 단속한다. 무례하고 무식한 갑질이다.

경희대학교 사회학과 송재룡 교수는 갑질은 사회구조적인 문제이며, 상하 관계가 내재된 한국 사회의 문화적·정서적 경향이 갑질의 가장 큰 원인이라고 했다. 한국 사회의 기저에 갑의 강압적인 역할과 을의 저자세가 깔려 있기 때문에 개개인은 그런 문화를 답습하는 것이다. 나의 사회적 지위가 당신보다 높다면 내가 결정권을 쥐고 있고 당신은 복종해야 한다는 미성숙한 의식이 지배하는 사회다.

이 갑질 문화를 어떻게 해야 하는가? 사회적 지위나 직책은 '다름'의 일부이며, 이 다름을 인정하는 사회적 분위기의 조성이 가장 먼저 필요하다. 사회의 가장 작은 단위인 가정에서부터 이러한 인식을 키워 나가려는 노력이 절실하다. 교육 선진국인 북유럽에서는 유아기부터 가족이 함께 집안일을 나누어 맡으며 동등한 인격체로서 책임과 의무를 다한다. 성인이 된 이후에는 부모라는 이유로 자녀의 일에 함부로 개입하고 문제 해결을 시도하는 일도 없을뿐더러 자녀를 정신적으로 지배하지 않는다.

성균관대학교 사회학과 구정우 교수는 "상대방을 자신과 동등한 인격적 주체로 여기는 의식 개선이 뒷받침돼야 갑질을 근절할 수 있다."고 제언했다. 가정에서 부모 먼저 갑질의 문화에서 벗어나자. 자녀와 부모와의 관계, 직장 동료 관계, 사장과 사원 간 관계 모두 책무상 성격이 다를 뿐이다. 인격적인 주체로 상호 인정하는 존중의 문화가 가정에서부터 시작되어 사회 곳곳으로 번져 나갈 때 우리 사회의 각 분야가 지금보다 안정될 수 있을 것이다.

학교문화 이렇게 바꾸자

한때 교사의 권위가 대단했던 시절도 있었다. 우리 부모 세대는 선생님께 "우리 애는 때려서라도 공부시키고 사람 만들어 주세요."라고 읍소했다. 요즘 시대에는 생각조차 할 수 없는 교사에 대한 부모들의 무한 신뢰였다.

세대가 바뀌고 사회적으로 많은 변화가 있었다. 이제 우리는 각자의 자리에서 조용한 성찰이 필요해 보인다. 교사와 학부모는 서로 도움이 절실한 관계다. 자녀를 양육하며 엄마와 아빠가 각자의 역할에 충실하며 같은 지향점을 두고 협력해 나가는 것과 같은 이치다. 엄마, 아빠가 깊은 신뢰로 자녀에 대한 고민을 나누고 문제해결을 위해 지혜를 모을 때 자녀는 올바르게 성장한다. 교사와 학부모 역시 각자의 역할과 권위를 인정하며 학생의 안정적인 성장을 위해 힘을 모아야 한다. 학생, 학부모, 교사의 교육 주체 모두가 튼튼한 바퀴가 되어 앞으로 전진할 수 있어야 한다. 각각의 바퀴들이 적절한 거리와 위치에서 균형을 잃지 않는 건강한 교육 생태계를 조성할 수 있는 방안을 생각해 본다.

첫째, 올바른 인권 교육이 먼저 이루어져야 한다.

인권은 인간으로서 존중받아야 할 기본 권리이며, 학생 인권만큼이나 교사의 인권도 중요하다. 나의 인권이 중요한 만큼 타인의 인권도 존중해야 하고, 내가 존중받고 싶으면 남을 먼저 존중해야 한다는 당연한 인권 의식이 선행되어야 한다. 인권 조례는 누려야 할 권리만 있는 게 아니라 책임과 의무가 따른 것임을 강조해야 한다.

둘째, 교사의 소중한 개인정보는 보호받아야 한다.

교사의 휴대전화 번호를 꼭 공개해야 하는 것은 아니지만 학부모 민원 때문에 어쩔 수 없이 공개하고 있는데, 그로 인한 교권 침해 사례가 많이 발생하고 있는 실정이다. 교사도 저녁에는 쉼과 휴식이 필요하다. 퇴근 후에도 일과 휴식의 경계가 불분명하고 사생활까지 공개되는 이중고를 겪는 것은 해외 교육 선진국에서는 찾아볼 수 없는 일이다. 교육부는 퇴근 후 교사가 처리하는 민원의 가이드라인을 마련해야 할 필요가 있다.

셋째, 교사의 교육활동을 침해하고 인권을 무시한 학생에 대한 징계 조치를 보완해야 한다.

학생에 대한 특별한 징계가 없어 가해자를 계속 만나는 중에 교사의 상처가 치유되지 못할 수 있다. 또, 교육활동 침해 행위가 자칫 학생들 사이에서 영웅담처럼 묘사될 수 있기 때문에 가해 학생에 대한 학급 교체, 외부 기관 위탁 교육 등을 강제할 수 있는 법규가 필요하다.

또한 교권 침해 행위를 한 학생의 학부모에 대한 처벌 규정도 강화해야 한다. 물렁한 법규를 이용해 부당하게 교사를 곤혹스럽게 하는 사람은 반드시 법의 심판을 받아야 한다. 교권을 지키겠다는 한마디 말보다 교권이 침해되었을 때 강력한 제재가 따른다면 악성 민원도 점차 줄어들 것이다.

넷째, 학부모 교육을 의무적으로 실시해야 한다.

지역 교육청에서 주기적으로 실시하며, 참여했을 경우 인증서를 통해 보상을 주는 방법도 강구해 볼 수 있다. 세상에는 많은 자격증이 있지만 부모 역할은 그 어떤 일보다 중요함에도 불구하고 체계적으로 교육받을 기관도 자격증도 없다. 국가에서 자녀의 학년 진급에 맞추어 주기별로 학부모 연수를 안내하고 지원해 주어야 한다.

다섯째, 교육청은 다양한 연수를 통해 교사와 관리자의 역량을 강화하고 공동 대처 능력을 키우도록 해야 한다.

작정하고 덤비는 민원인을 교사 혼자 힘으로 해결하기는 어렵다. 교권 침해가 발생했을 때 즉각적인 대응이 가능하고, 피해 교사의 적극적인 보호 조치를 할 수 있도록 교사와 관리자의 역할 역량을 키워 공동 대응할 수 있도록 해야 한다.

여섯째, 학교 내 교권보호위원회 역할을 강화해야 한다.

지금처럼 교내에 존재하고 있지만 기능하지 못하는 교권보호위원회라면 과감히 교육청으로 이관하여 실질적으로 힘을 발휘할 수 있는 교사 보호 장치가 되도록 해야 한다. 교권보호위원회의 역할이 단순한 조사나 중재에 그친다면 기대할 바가 없다. 해외 교육 선진국이 교권 보호를 위해 법적인 대응을 하는 것처럼 교육지원청과 국가가 그 역할에 나서 주길 바란다.

일곱째, 교육지원청은 교권 침해 대응 시스템을 구축하고, 원스톱 지원 체제를 마련해야 한다.

교권 침해에 즉각적이고 효율적으로 대응할 수 있는 전담 부서 개설도 필요하다. 교권에 관련된 전문적 지식을 갖춘 파견 교사, 전문 상담사, 변호사 등 전문 인력으로 전담 부서를 구성하고, 교권 침해 전담 부서에서는 신고 접수, 전문 상담이나 면담, 대응 방법 및 절차 안내, 외부 기관과의 연계 등 모든 과정이 원스톱으로 이루어지도록 해야 한다. 또한 교사 혼자서 가해자와 만나지 않도록 조치하고, 소송으로 이어지는 경우에도 교사 개인으로 대응하지 않고 교육청이 모든 일을 처리하도록 해야 한다.

여덟째, 교직 사회의 인식 전환도 필요하다.

민원을 받는 것 자체를 교사의 능력 부족으로 생각하는 인식에서 벗어나야 한다. 민원은 누구나 받을 수 있는 일이다. 누구든 길을 가다 뜻하지 않은 위험을 당할 수 있다. 우연한 위험은 나의 능력 밖의 일이다. 위험을 피하기 위한 안전 장치는 철저히 갖추되 발생한 사고에 적극적인 지원과 치유가 가능한 시스템이 마련되어야 한다.

행복한 교사가 있는 교실에서 행복한 학생이 성장한다. 진정한 교권 회복을 위해서는 교권 확립의 제도적 정비뿐만 아니라 교사에 대한 심리적·정서적 지원도 필요하다. 교육활동 중 일어난 문제로 인해 절망감을 느끼는 동료 교사를 감싸안아 주고, 그들이 자긍심을 회복하여 교육활동에 최선을 다할 수 있도록 도와야 한다. 그러기 위해서는 피해 교사의 치유 방안과 교권 침해 예방에 대한 폭넓은 지원과 연구가 절실하다.

교권이 바로 서야 교육이 산다. 가장 훌륭한 학습 도구는 올바른 가치관으로 무장한 한 사람의 교사다. 그들이 자신의 교육철학을 올곧게 펼칠 수 있는 건강한 교육 여건이 마련되어야 제대로 된 교육도 가능하고 인재 양성도 이루어 낼 수 있다. 당신 자식밖에 보질 못하는 학부모 민원에, 도를 넘어선 학생들의 난폭한 행동을 감수하며 병들어 가는 교사들로부터 학생들은 결코 건강한 성장을 이룰 수 없다. 정치권에서, 우리 사회 구성원 안에서 교권 확립을 위한 성찰과 정화 작용이 일어나길 바란다.

희망은 있다

 십여 년 전 학부모로부터 연락이 왔다. 요즘 일어나는 학교 상황을 보며 '선생님들 많이 힘드셨겠구나.' 라는 생각을 했다고. 방학도 있고 퇴근 시간도 좋아 교사를 최고의 직업으로 여겼는데 이런 세상에서 아이들 가르치기 정말 힘들 것 같다고. 선생님 같은 분이 계셔서 정말 다행이라는 생각을 했다고 문자 메시지를 보내 왔다. 요즘 학교 분위기가 어떤지 언론을 통해 알고 보낸 응원인 것 같아 반갑고 감사했다.

 어려움을 겪고 있는 많은 교사들처럼 필자 역시 비상식적인 학부모를 더러 만났다. 한 학부모는 학급 학생 절반을 학교폭력으로 경찰서에 신고하기도 했고, 수년 동안 학교를 집요하게 괴롭힌 사안에 관리자로서 힘겹게 맞서 싸우기도 했다.
 필자는 언론에 나오는 악성 민원인이 학교를 혼란스럽게 하는데도 이 사회가 단 한 번도 단죄한 적이 없기 때문에 악습을 확대해 나간다고 생각한다. 민원인에게 공손해야 한다는 서비스 정신은 평범한 사람들에게 대할 태도이지 괴물 학부모에게, 악성 민원인에게 대할 행동 매뉴얼은 결코 아니다. 횡포를 부리는 사람은 경찰에 신고하여 법적인 제재를 받게 하는 것이 법치국가의 원칙이다. 그들 앞에서 속수무책으로 당하고만 있는 학교와 교사에게 국가가 학습권과 교육권을 말할 자격이 없다.

곪을 대로 곪아 터지고서야, 꽃같이 고운 젊은 교사 몇몇이 세상을 등지고서야 사회는 학교를 다시 보게 되었다. 있어서는 안 되는 일이었지만 이제라도 고인들의 죽음이 헛되지 않도록 엉성한 법과 시스템을 재정비해 나가야 한다.

일련의 사태 이후 학교 교권 보호가 공교육 정상화의 필수 요소라는 것에 사회적 합의를 이루었다. 국회에서도 이른바 '교권 보호 4법'이 전격 통과됐다. 학교장의 책무성을 강화하여 학교장이 교사의 교육활동 침해 행위를 축소하거나 은폐할 경우 징계를 받는다는 내용도 있다. 또, 교육활동에 관련된 소송으로부터 교사를 보호하기 위한 공제 사업도 추가되었다. 학교안전공제회 등에 위탁할 수 있는 근거를 마련한 것이다.

앞으로 학교가 어떻게 달라질지는 좀 더 두고 봐야 할 일이나 그동안 자괴감과 무기력에 빠진 선생님들이 상처를 털어 내고 서서히 일어서야 할 때다. 제도적으로 명시된 교권보다 더 중요한 것은 우리가 교실에서 만나는 아이들과 행복한 수업을 만들어 나가고, 인격적인 관계 맺기로 사랑과 존중의 교실을 구축하는 것이다. 교사의 권리와 권위는 법적 명시를 넘어서 학생들로부터 인정받을 때 누구도 무너뜨릴 수 없는 힘을 가진다.

우리가 가장 두려워해야 할 존재는 교사를 관리 감독하는 기관이나 학부모가 아닌 학생들이다. 좋은 수업이란 학습을 통해 상호 교감할 수 있고, 배움 안에서 상호 인격적 성장이 이루어지는 수업이다. 이런 수업 과정 안에서 학생과 교사의 라포 형성이 강화되고 학생은 전인적 성장을 이룰 수 있다. 좋은 수업을 위해 연구하고 고민하는 일, 학생들의 말을 귀 기울여 듣고 공감하는 일, 좋은 사람으로 하루하루 성장하도록 학생들을 지지하고 격려하는 일은 교사의 영원한 과제이며 존재 이유이기도 하다.

사회가 발전함에 따라 많은 것이 변화하고 있다. 구글 전 회장 에릭 슈미트(Eric Emerson Schmidt)는 현대인은 이틀마다 문명의 발달 초기부터 2003년까지 인류가 생산한 것만큼의 정보를 만들어 내고 있다고 산출했다. 정보 폭발의 시대다. 챗GPT를 학교 수업에서 어떻게 활용할 것인지를 논의하는 획기적인 변화의 시대를 살며 우리가 결코 놓칠 수 없는 것은 인격적 만남을 통해 배우는 삶의 가치다. 학교에서 훌륭한 선생님과 좋은 친구들을 만나며 어떻게 인생을 살아야 하는가에 대한 진지한 고민을 하고, 함께 일상을 나누며 배우고 깨닫는다.

팬데믹을 겪으며 사람들은 교실 없는 시대가 온다고 말하지만, 팬데믹은 학교의 소중함을 재인식하는 계기가 되기도 했다. 눈을 맞추며 생각을 나누고 토의하는 과정에서 타인을 이해하게 되고 학생들의 사회성이 자라는 것을 본다. 비록 다툼이 있더라도 함께 부대끼고 같은 공간에서 호흡하는 동안 서로에 대한 따뜻한 온기를 느끼고, 나에게는 네가 필요하다는 것을 피부로 느끼게 되었다. 경쟁을 피할 수 없지만 함께 연대하고 협동하는 즐거움을 학생들은 학교생활을 통해 배운다.

정신적으로 많은 에너지가 필요한 교사들이 다시 힘을 얻고 묵묵히 그들의 길을 걸어갈 수 있는 것은 우리의 본성 안에 책임감과 선량함이 있기 때문이라고 생각한다. 흐트러지고 망가진 마음을 추슬러 다시 일어서도록 서로에게 힘이 되어 주어야 한다. 희망이 없는 교사는 자라나는 세대에게 희망을 가르칠 수 없다. 사회적 신뢰를 잃은 교사는 학생들에게 신뢰를 심어 줄 수 없다. 권리가 없는 교사는 아이들을 주권자로 키울 수 없다.

  대한민국이 오늘날 이만큼 경제 성장과 국력을 가진 것은 사람을 키우는 일이 얼마나 중요한지 우리 모두가 잘 알고 지원했기 때문이다. 교육의 힘이 대한민국의 저력이다. 학생, 교사와 학부모가 균형을 잃지 않는 세 바퀴가 되어 힘차게 전진해 나가야 한다. 혹한기를 견디는 황제펭귄처럼 서로에게 믿음과 신뢰의 온기를 나누며 연대하자.

| 참고 문헌 |

- 토마스 홉스(2008). 진석용 옮김. 리바이어던. 나남출판사.
- 코로나 사피엔스(2020). 최재천, 장하준, 최재붕, 송기빈, 김누리, 김경일. 인플루엔셜.
- 대니얼 카너먼, 올리비에 시보니, 캐스 선스타인(2022). 노이즈:생각의 잡음. 김영사.
- 수잔 크레이크(2020). 트라우마 공감학교. 김현수 옮김. 에듀니티.
- 토드 휘태커(2015). 훌륭한 교사는 무엇이 다른가. 송형호 옮김. 지식의날개.
- 세사르 보나(2016). 꿈꾸는 교사, 세사르 보나의 교실 혁명. 김유경 옮김. 북멘토.
- 한만오(2023). 예비 부모를 위한 부모 교육. 양서원.
- 문재현 외(2016). 학교폭력 멈춰. 살림터.
- 괴물 부모의 탄생(2023). 김현수. 우리학교.
- 스티븐 코비(2001). 원칙 중심의 리더십. 김경섭 옮김. 김영사.
- 조엘 오스틴(2009). 긍정의 힘. 정성묵 옮김. 긍정의힘.
- 앤디 하그리브스, 데니스 셜리 공저(2015). 학교교육 제4의 길. 이찬승, 김은영, 홍완기 옮김. 21세기교육연구소.

- 조기성(2019). 교권의 개념과 보호 방안 연구. 인하대학교 대학원. 박사학위 논문.
- 조진숙(2016). 학부모 민원에 관한 초등학교 교사의 인식 연구. 서울교육대학교. 석사학위 논문.
- 오혜선(2020). 교육활동 침해 대응에 관한 질적 사례 연구. 한국교원대학교. 석사학위 논문.
- 김여현(2018). 교권 침해 양상과 교사의 대응. 경인교육대학교. 석사학위 논문.
- 2023 서울초등돌봄교실 운영 길라잡이. 서울특별시교육청, 서울교육 2023-42.
- 현장교원정책TF팀 연구보고서(2023.08.). 현장 교사들이 생각하는 학교 교육 정상화를 위한 현 정책에 대한 해결방안 연구. 최서연 외.
- 초등학교 학부모 교권 침해 민원 사례 2077건 모음집(2023.07.24.).
- 2023 사법연감(2023.9.). 법원행정처.

- 교육통계서비스. https://kess.kedi.re.kr/main.do

- 국가법령정보센터. https://law.go.kr/?p=1

- 교육부 https://www.moe.go.kr/main.do?s=moe

- 통계청. https://kostat.go.kr/ansk/

- 보건복지부(2023.08.31.). 2022아동학대 주요 통계. 11-1352000-002541-01

- 대구학부모원스톱지원센터. https://www.dge.go.kr/parent/main.do?mi=5741

- 교육정책 네트워크 정보센터. https://edpolicy.kedi.re.kr/index.jsp

- 연합뉴스(2023.07.25.). 초등학교 교사 교권침해 경험 설문조사 결과. 이재윤 기자.

- 에듀프레스(2023.03.08.). "아동복지법은 교사 저승사자법?". 장재훈 기자.

   http://www.edupress.kr/news/articleView.html?idxno=10164

- news1(2023.07.21.). "직위해제 억울해 심정지, 초등교사 출신 변호사가 밝힌 교권 추락 민낯". 조윤형 기자. https://www.news1.kr/articles/5116845

- 위키트리(2023.07.20.). "이름표 붙인 게 아동학대죄". 심수현 기자.

- 오마이뉴스(2017.09.15.). "성추행 피해 학생들이 탄원서를 쓴 이유, 전북 부안 성추행 혐의 교사의 죽음". 손병관.

   https://www.ohmynews.com/NWS_Web/View/at_pg.aspx?CNTN_CD=A0002355284

- 한국타임즈(2018.05.19.). "대구 벌금 800만원 교사 교단 떠나야 하나?". 김호성 기자.

- 위키트리(2023.09.04.). "나는 민원 아예 없는 완벽한 초등 교사다...반응 폭발한 커뮤니티 '논란' 글". 권민정 기자. https://www.wikitree.co.kr/articles/883477

- news1(2023.03.09.). '책상 넘어뜨린 교사'에 2500만원 요구...소송감 전락한 교사들. 서충섭 기자. https://www.news1.kr/articles/?4976220

- 연합뉴스(2023.05.10.). "교사 87%는 1년간 이직·사직 고민...4명 중 1명 정신과 상담". 서혜림 기자.

- nate뉴스(2023.07.22.). "최근 6년간 교사 사망 11%가 '극단 선택'".최예나 기자.

- 에듀인뉴스(2019.9.11.) 한국 교사 수업시수, OECD 평균보다 적은 이유는?..."행정업무 시간 2배". 한치원 기자. https://www.eduinnews.co.kr/news/articleView.html?idxno=19941

- 파이낸셜뉴스(2023.8.14.). 서울시 초·중·고, 6년여간 '학부모 요구'로만 담임교체 90건... 초등은 78건. 정경수 기자. https://www.fnnews.com/news/202308141027501851

- 교육부 보도자료(2023.06.21.) 공교육 제고 방안.
  https://www.moe.go.kr/boardCnts/viewRenew.do?boardID=294&boardSeq=95409&lev=0&searchType=null&statusYN=W&page=1&s=moe&m=020402&opType=N

- 행복한교육(2016.05.). 외국의 교권보호 정책과 동향. 전제상.
  https://happyedu.moe.go.kr/happy/bbs/selectHappyArticle.do?bbsId=BBSMSTR_000000000216&nttId=5799

- news1(2021.02.01.). 배철현의 월요 묵상. 당신의 권위는 어디에서 옵니까. 배철현.
  https://www.news1.kr/articles/?4198052

- 중앙일보(2019.07.21.). 목소리 큰 사람들, 그들은 왜 그럴까. 서광원.
  https://www.joongang.co.kr/article/23531121#home

- 청라국제도시맘카페. https://cafe.naver.com/chengnamomlife

- 교육희망(2023.06.14.). 이수일. "아동학대 신고만으로 직위해제? 이의 있습니다!"

- ZDNET KOREA(2021.06.21.). AI 알고리즘의 딜레마…'선택의 역설'vs'에코챔버'·'필터버블'. 김성태. https://zdnet.co.kr/view/?no=20210621135006

- 한국교원단체총연합회. 제42회 스승의날 기념 교원인식 설문조사.
  https://m.blog.naver.com/koreakfta/223102290664